Marek Ryś

Dewoitine D.520. D.520C-1, D.520DC

In 1936, the D.513 fighter designed by Emil Dewoitine made its first flight. It was supposed to be the successor of the slightly outdated D.500 and D.510, built according to modern trends: with a closed cabin and a retractable undercarriage. Unfortunately, the tests turned out to be very disappointing. At the same time, as part of the nationalization of the aviation industry, Dewoitine was incorporated into the SNCAM concern. The designer himself, however, did not give up the further development of the fighter and on his own, in cooperation with his engineers, developed a new design – designated D.520.

It was partly based on the D.513, but with major changes to the design of the airframe, especially the wings. The prototype, powered by 890 HP Hispano-Suiza 12Y-21 engine with a two-bladed wooden propeller and with a disassembled fairing, was first flown by Marcel Doret on 2nd of October, 1938. The plane reached a speed of 480 km/h, although it was expected to reach 500 km/h. The prototype, damaged in one of the subsequent flights, was rebuilt, the cooling system was changed and the HS 12Y-29 910 HP engine and a three-blade metal Ratier propeller were installed.

The second prototype differed in rebuilt stabilizers and a number of design changes and was adapted to the installation of the 20 mm Hispano-Suiza HS-404 cannon firing through the shaft of the engine and two 7.5 mm MAC 1934 machine guns in under-wing gondolas. Plane met with aviation expectations and a speed of 520 km/h was reached.

The third prototype was powered by HS 12Y-31 engine with a Szydłowski-Planiol compressor. After its successful tests, it was decided to go into series production under the designation D.520C-1. The first serial plane (flown on 2nd of November, 1939) was very different from the prototypes: it was 51 cm longer, had a redesigned cockpit, reinforced armament up to four machine guns inside the wings, a tail wheel and a whole host of other changes.

The first series were powered by the HS 12Y-31 engine, later HS 12Y-45 and 49 engines with 950 HP.

For the German attack on France one fighter squadron (36 aircrafts) was equipped with the D.520. During the campaign another four units received the D.520. Some of them flew to North Africa in June 1940.

After the surrender of France and the creation of the puppet state, the Vichy, D.520 was in the service of its air force and continued to be produced. The production continued even after the occupation of Paris in 1942, and the planes were sent to the Luftwaffe training units and countries allied with Germany: Bulgaria, Romania and Italy. A total of 755 D.520s were built. Thirteen of them were converted after the war into two-seater training planes D.520DC. They were used until 1952.

A number of derivative versions remained prototypes or only designs: D.521, D.522, D.520T, D.520Z, D.790, D.780, D.551, etc.

In the unanimous opinion of the pilots flying the D.520, as well as the test-pilots who had contact with it after the war, it was the best French fighter plane of that period.

W 1936 r. swój pierwszy lot odbył myśliwiec D.513 zaprojektowany przez Emila Dewoitine'a. Miał on być następcą nieco już przestarzałych D.500 i D.510, budowanym wedle nowoczesnych trendów: z zakryta kabiną i chowanym podwoziem. Niestety wyniki testów okazały się mocno rozczarowujące. Równolegle w ramach nacjonalizacji przemysłu lotniczego wytwórnię Dewoitine wcielono do koncernu SNCAM. Sam konstruktor jednak nie rezygnował z dalszego rozwoju myśliwca i na własną rękę, we współpracy ze swoimi inżynierami, opracował nowy projekt – oznaczony D.520.

Opierał się on po części na D.513, ale z poważnymi zmianami w konstrukcji płatowca – zwłaszcza skrzydeł. Prototyp, wyposażony w silnik Hispano-Suiza 12Y-21 o mocy 890 KM z dwułopatowym, drewnianym śmigłem i ze zdemontowaną owiewką oblatał 2 października 1938 r. Marcel Doret. Samolot osiągnął prędkość 480 km/h, podczas gdy zakładano 500 km/h. Uszkodzony w jednym z kolejnych lotów prototyp przebudowano, zmieniając system chłodzenia i montując silnik HS 12Y-29 o mocy 910 KM oraz trójłopatowe, metalowe śmigło Ratier.

Drugi prototyp różnił się przebudowanymi statecznikami oraz szeregiem zmian konstrukcyjnych i przystosowany był do montażu strzelającego przez wał silnika działka Hispano-Suiza HS-404 kal. 20 mm oraz dwóch kaemów MAC 1934 kal. 7,5 mm w podskrzydłowych gondolach W tej formie udało się spełnić oczekiwania lotnictwa i osiągnięto prędkość 520 km/h.

Trzeci prototyp wyposażono w silnik HS 12Y-31 ze sprężarką Szydłowski--Planiol. Po jego pomyślnych testach zdecydowano o produkcji seryjnej pod nazwą D.520C-1. Pierwszy egzemplarz seryjny (oblatany 2 listopada 1939 r.) mocno różnił się od prototypów – był dłuższy o 51 cm, miał przeprojektowaną osłonę kabiny, wzmocnione do czterech karabinów maszynowych uzbrojenie wewnątrz skrzydeł, kółko ogonowe i cały szereg innych zmian.

Pierwsze serie napędzał silnik HS 12Y-31, późniejsze HS 12Y-45 i 49 o mocy 950 KM.

Do ataku Niemiec na Francję w D.520 zdołano wyposażyć jeden dywizjon myśliwski (36 samolotów). Już podczas kampanii D.520 otrzymały kolejne cztery jednostki. Niektóre z nich w czerwcu 1940 r. przeleciały do Afryki Północnej.

Po kapitulacji Francji i utworzeniu marionetkowego państwa Vichy D.520 znajdowały się w służbie jego lotnictwa i były nadal produkowane. Produkcja trwała nawet po zajęciu Paryża w 1942 r., a zbudowane samoloty trafiały do jednostek treningowych Luftwaffe oraz państw sprzymierzonych z Niemcami: Bułgarii, Rumunii i Włoch. Łącznie zbudowano 755 egzemplarzy D.520. Trzynaście z nich przebudowano po wojnie na dwumiejscowe samoloty szkolne D.520DC. Używano ich do 1952 r.

Prototypami lub jedynie projektami pozostał cały szereg wersji pochodnych: D.521, D.522, D.520T, D.520Z, D.790, D.780, D.551 itd.

W zgodnej opinii latających na D.520 pilotów, a także oblatywaczy mających z nim kontakt po wojnie, był to najlepszy francuski samolot myśliwski tego okresu.

Dewoitine D.520. D.520C-1, D.520DC • Marek Ryś

First edition / Wydanie pierwsze • LUBLIN 2020 • ISBN 978-83-66148-98-7

Translation / Tłumaczenie: **Stanisław Powała-Niedźwiecki** • Color profiles / Plansze barwne: **Andrzej Sadło** • Scale drawings / Rysunki techniczne: **Marek Ryś** • Design: **KAGERO STUDIO**

Distribution / Dystrybucja: Kagero Publishing • www.kagero.pl • e-mail: kagero@kagero.pl, marketing@kagero.pl

Editorial Office, Marketing / Redakcja, Marketing: Kagero Publishing, ul. Akacjowa 100, os. Borek, Turka, 20-258 Lublin 62, Poland, phone/fax +48 81 501 21 05

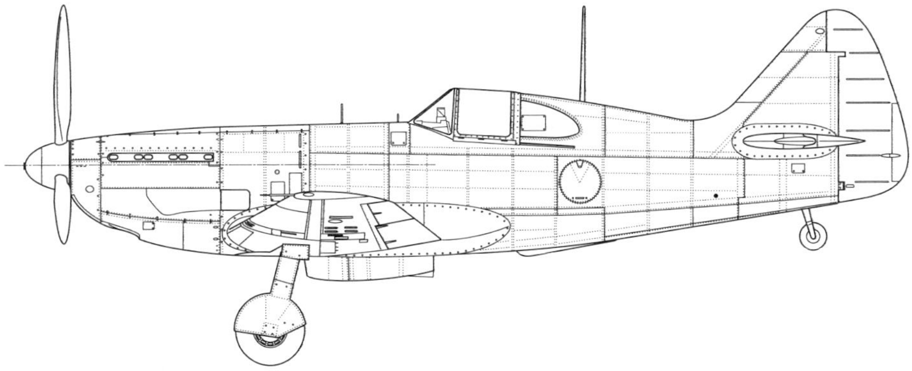

D.520 – left side view/widok z lewej strony

D.520 – right side view/
widok z prawej strony

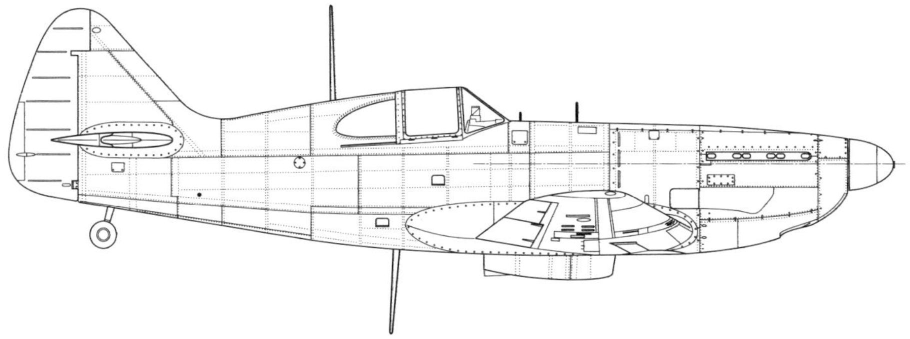

Dewoitine D.520C1

– very early series aircraft
– samolot wczesnych serii

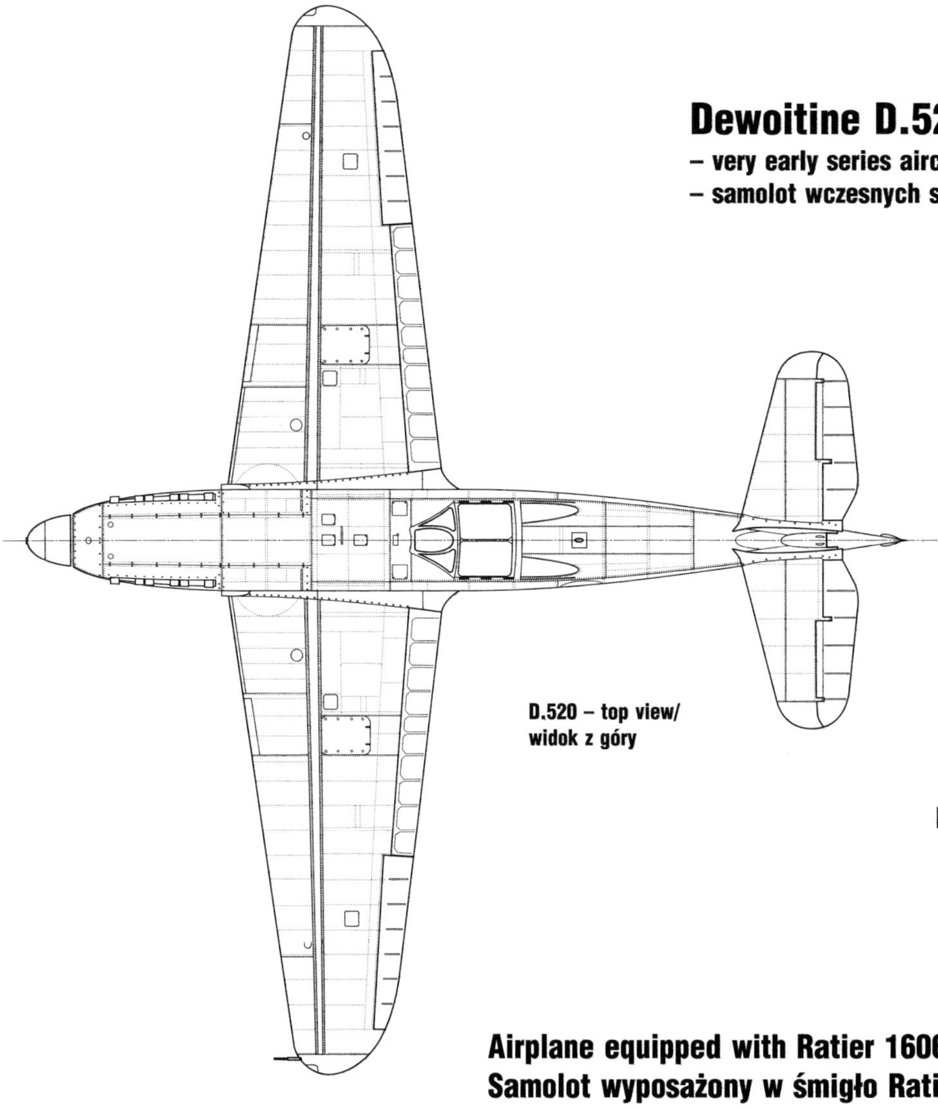

D.520 – top view/
widok z góry

Airplane equipped with Ratier 1606M propeler with long spinner
Samolot wyposażony w śmigło Ratier 1606M z długim kołpakiem

Scale/Skala: 1/72

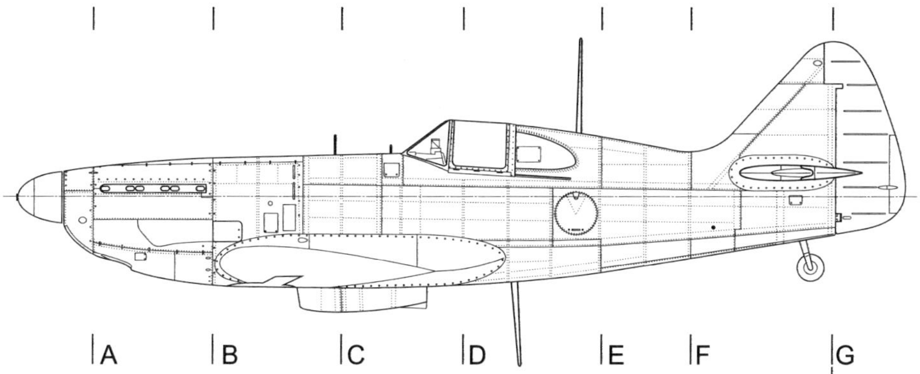

D.520 – left side view with no wings/
widok z lewej strony bez skrzydeł

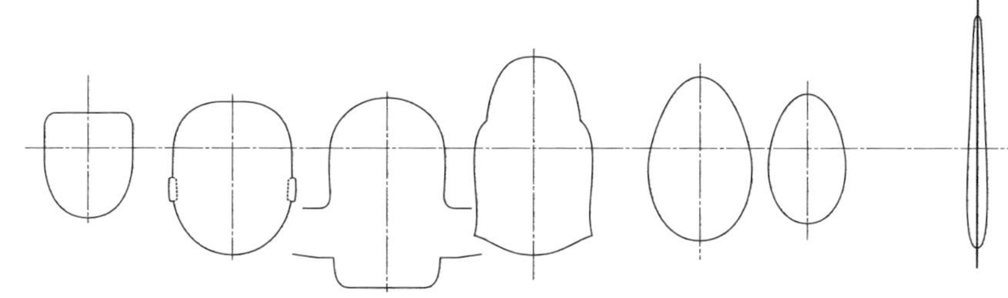

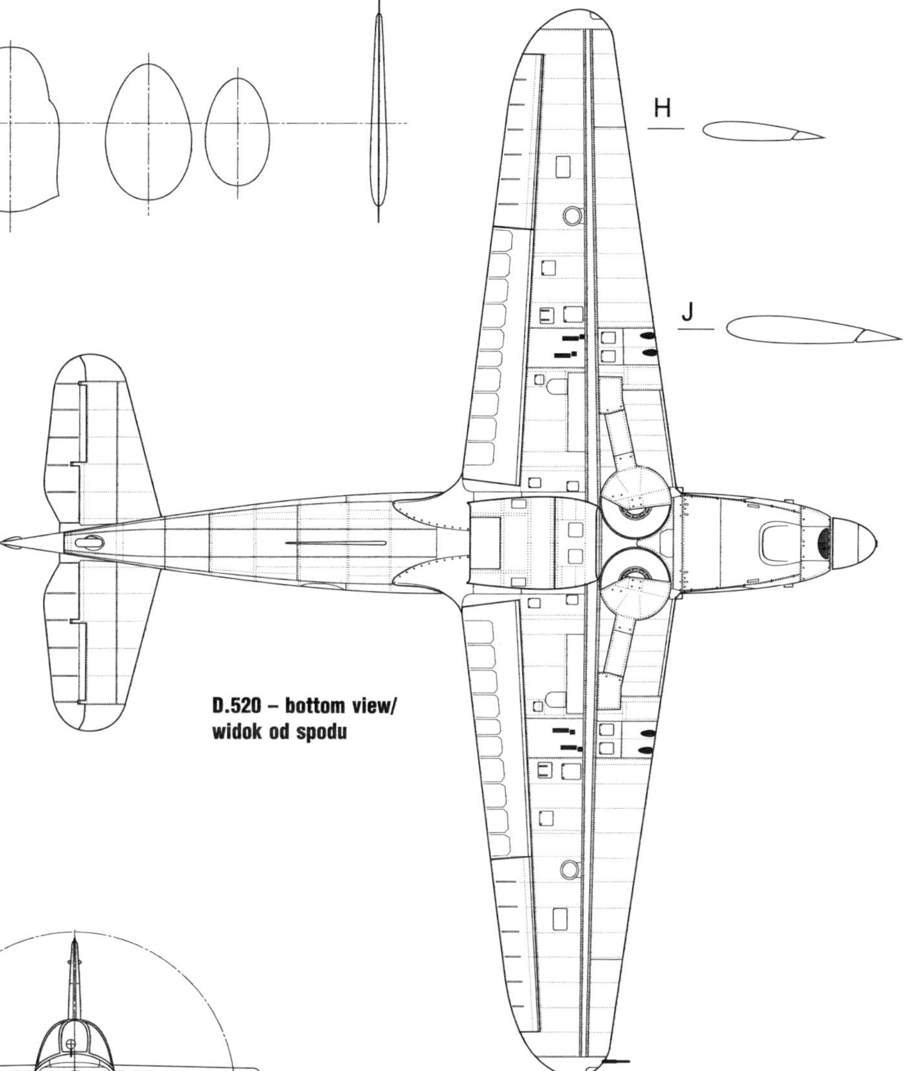

D.520 – bottom view/
widok od spodu

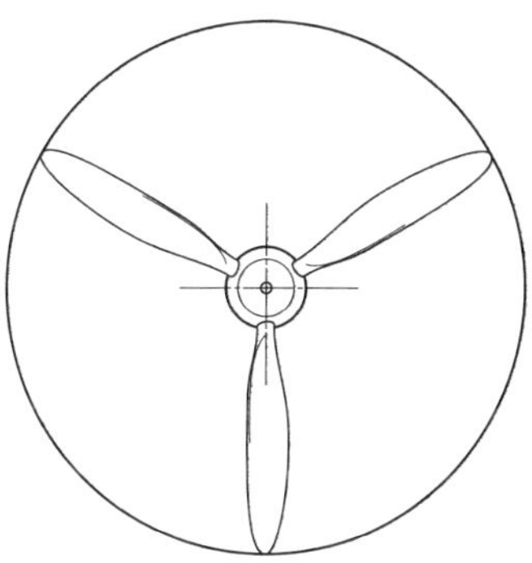

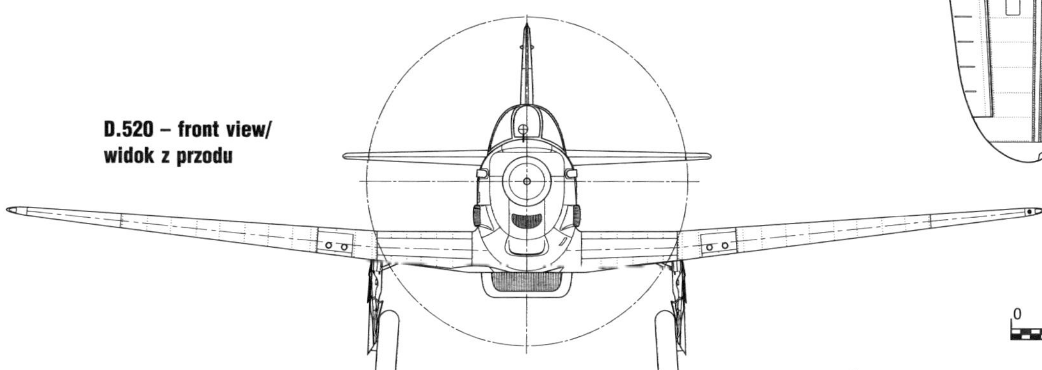

D.520 – front view/
widok z przodu

Dewoitine D.520C1
– very early series aircraft
– samolot wczesnych serii

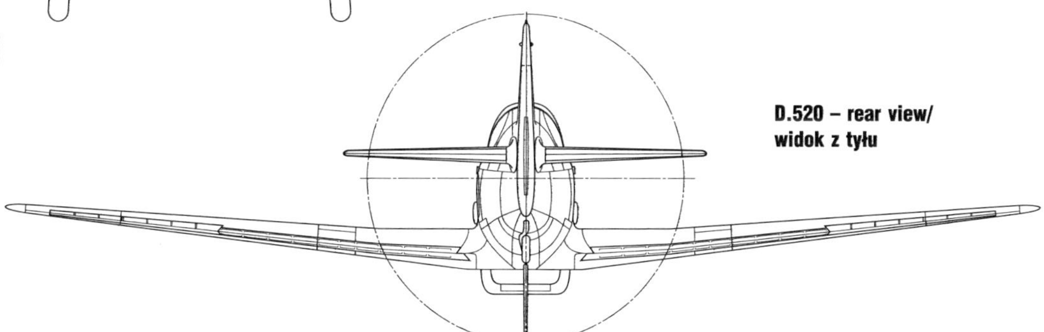

D.520 – rear view/
widok z tyłu

TOPDRAWINGS
Drawings/rysował: © Marek Ryś

www.kagero.eu
www.shop.kagero.pl

Scale/Skala: 1/72

Sheet/Arkusz 3

D.520 – left side view. Dashed line shows position of wheel fully extended/widok z lewej strony. Linia przerywana oznacza pozycję koła bez obciążenia

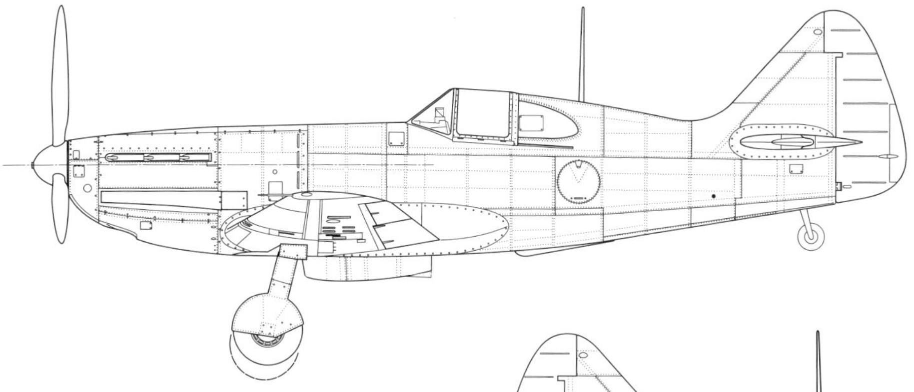

D.520 – right side view/widok z prawej strony

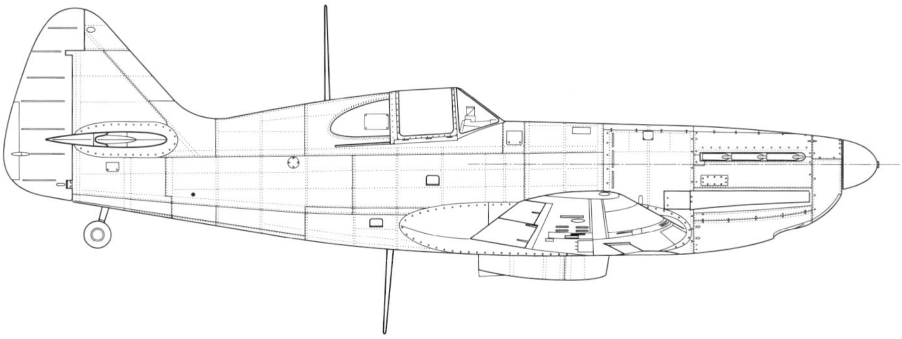

Dewoitine D.520C1

(late series aircraft – from s/n 351 samolot późniejszych serii – od numeru 351)

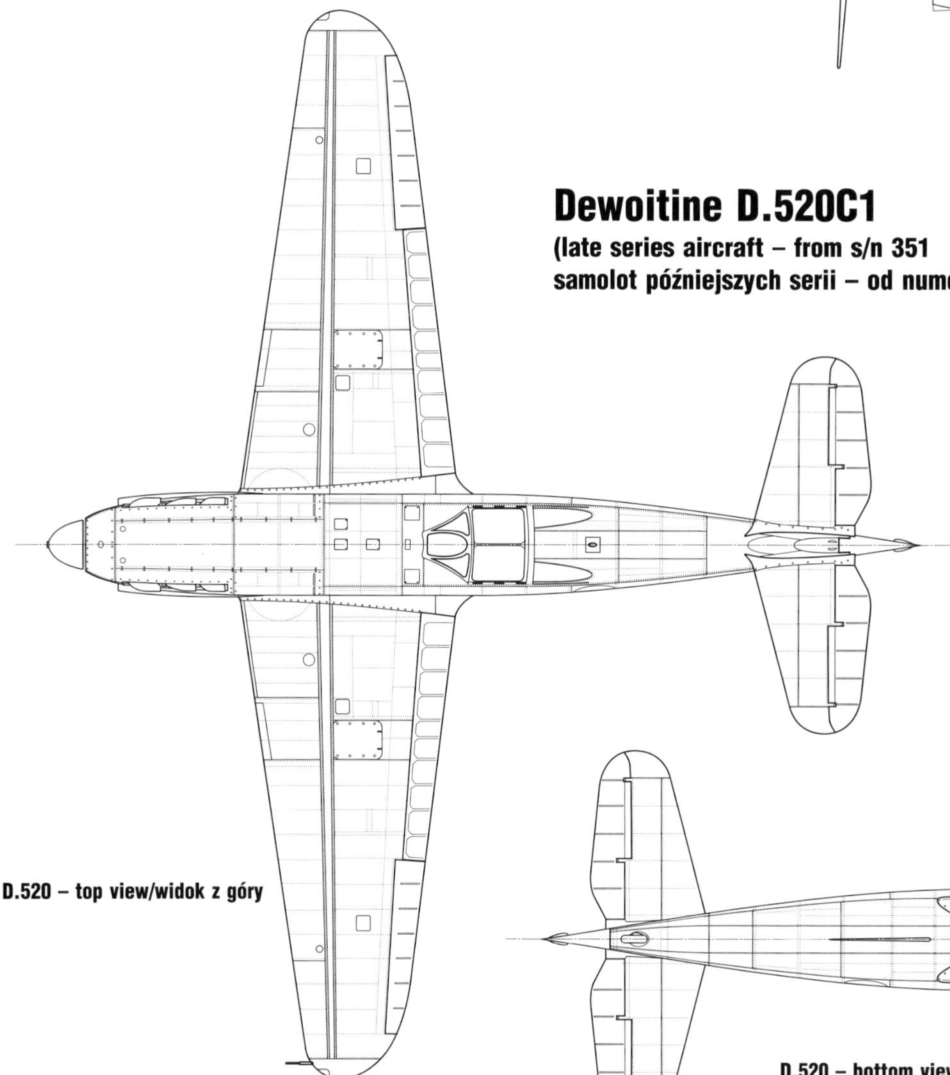

D.520 – top view/widok z góry

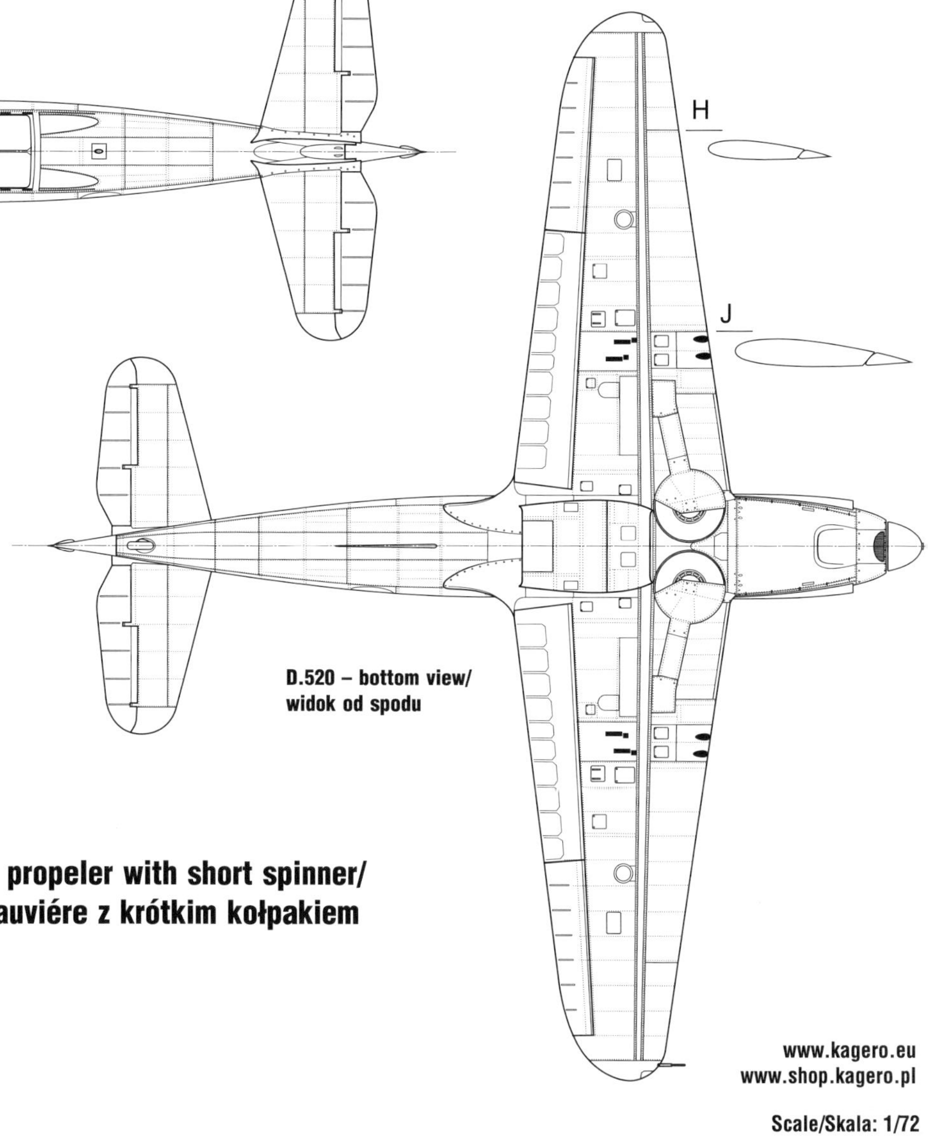

D.520 – bottom view/ widok od spodu

Airplane equipped with Chauviére propeler with short spinner/ Samolot wyposażony w śmigło Chauviére z krótkim kołpakiem

D.520 – front view/widok z przodu

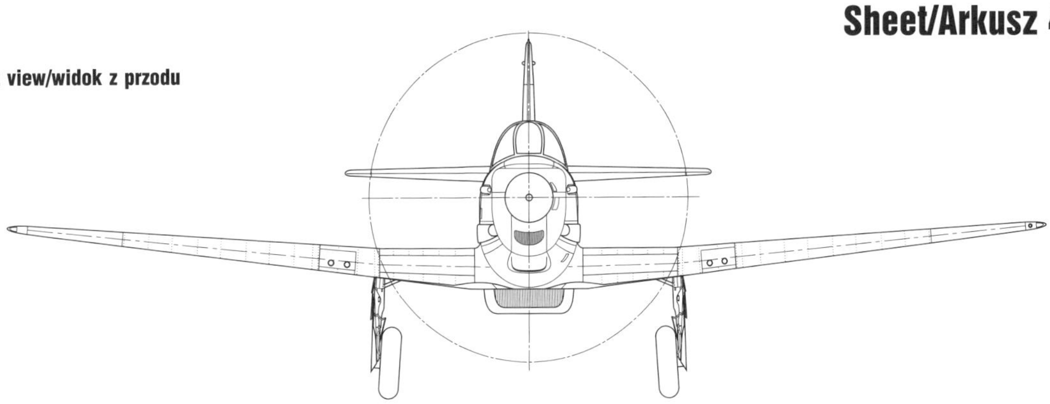

D.520 – rear view/widok z tyłu

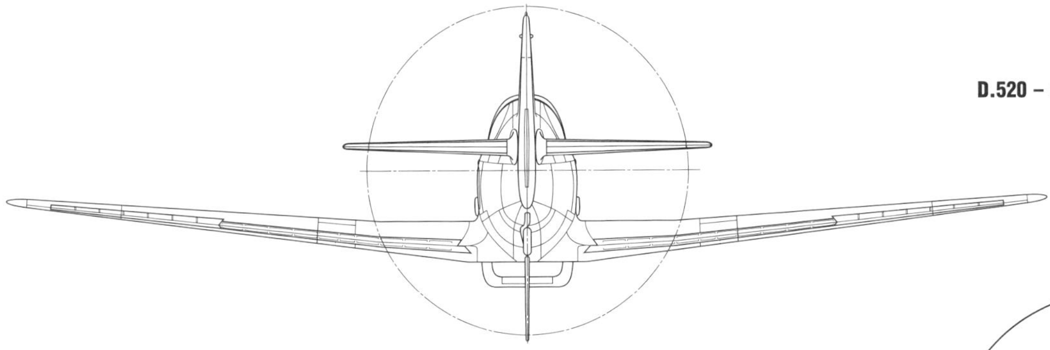

Dewoitine D.520C1

**(late series aircraft – from s/n 351/
samolot późniejszych serii – od numeru 351)**

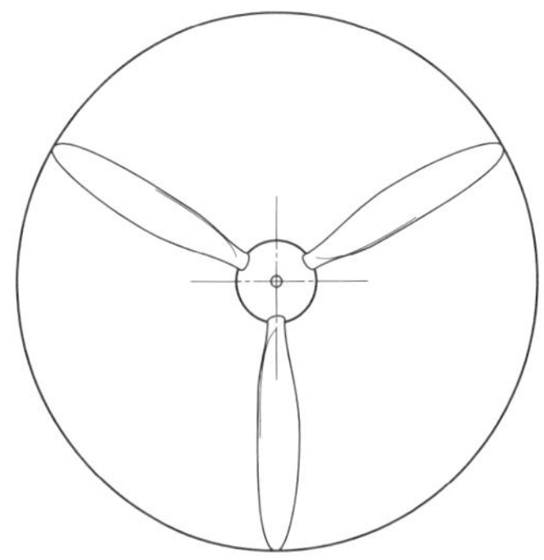

D.520 – left side view with wings removed/
widok z lewej strony bez skrzydeł

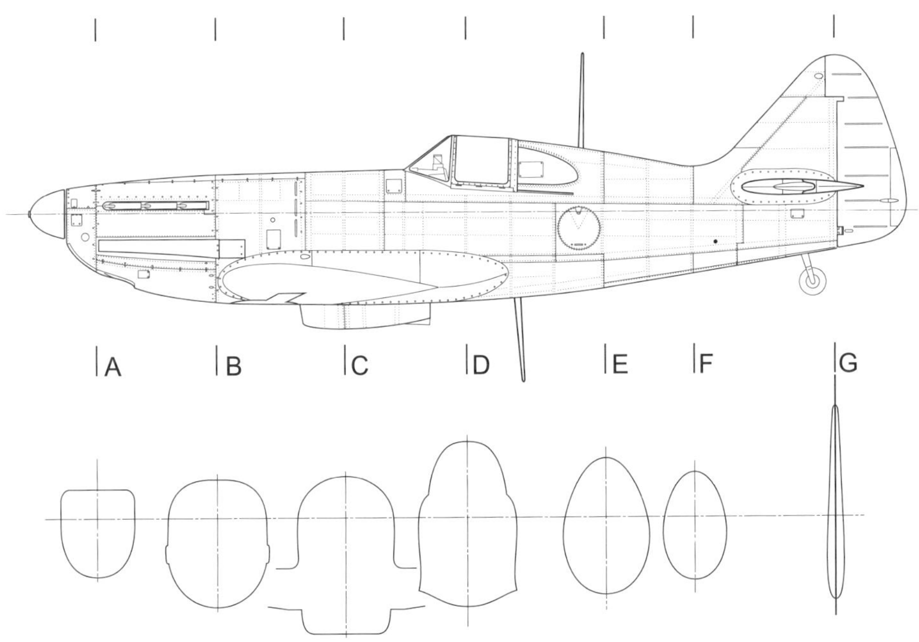

D.520 – left side view of earlier aircraft
with Ratier 1606M propeler and long spinner/
widok z lewej samolotu wcześniejszych serii
ze śmigłem Ratier 1606M i długim kołpakiem

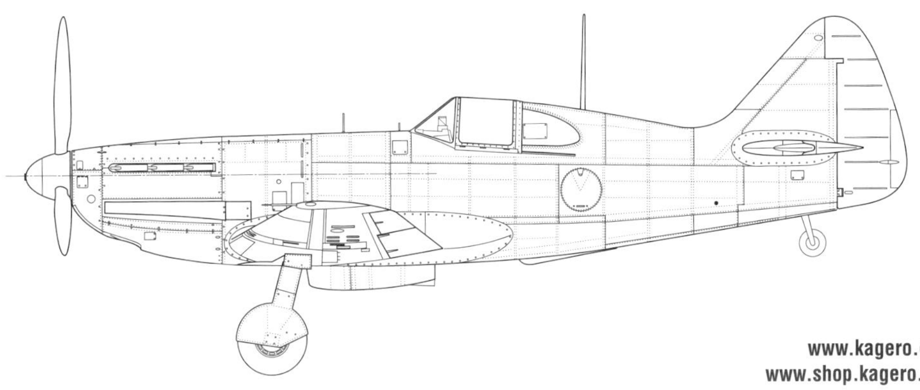

Scale/Skala: 1/72

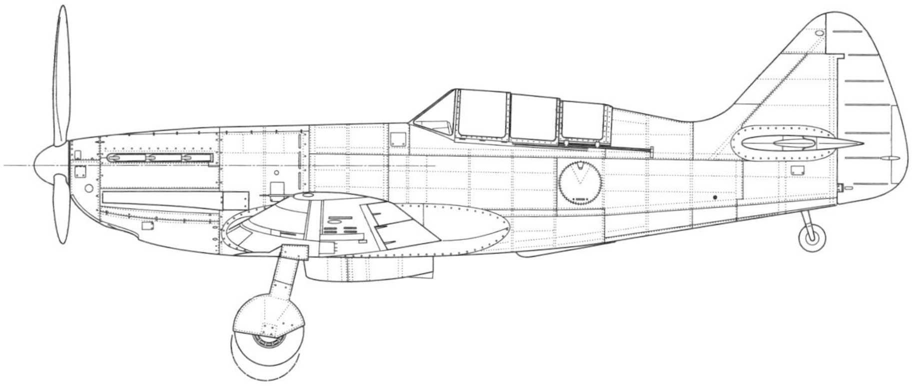

D.520DC – left side view/
widok z lewej strony

D.520DC – right side view/
widok z prawej strony

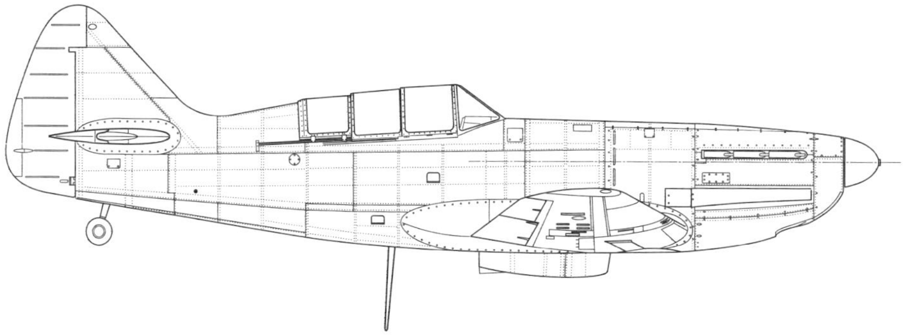

Dewoitine D.520DC

– two-seat trainer version
– dwumiejscowa wersja treningowa

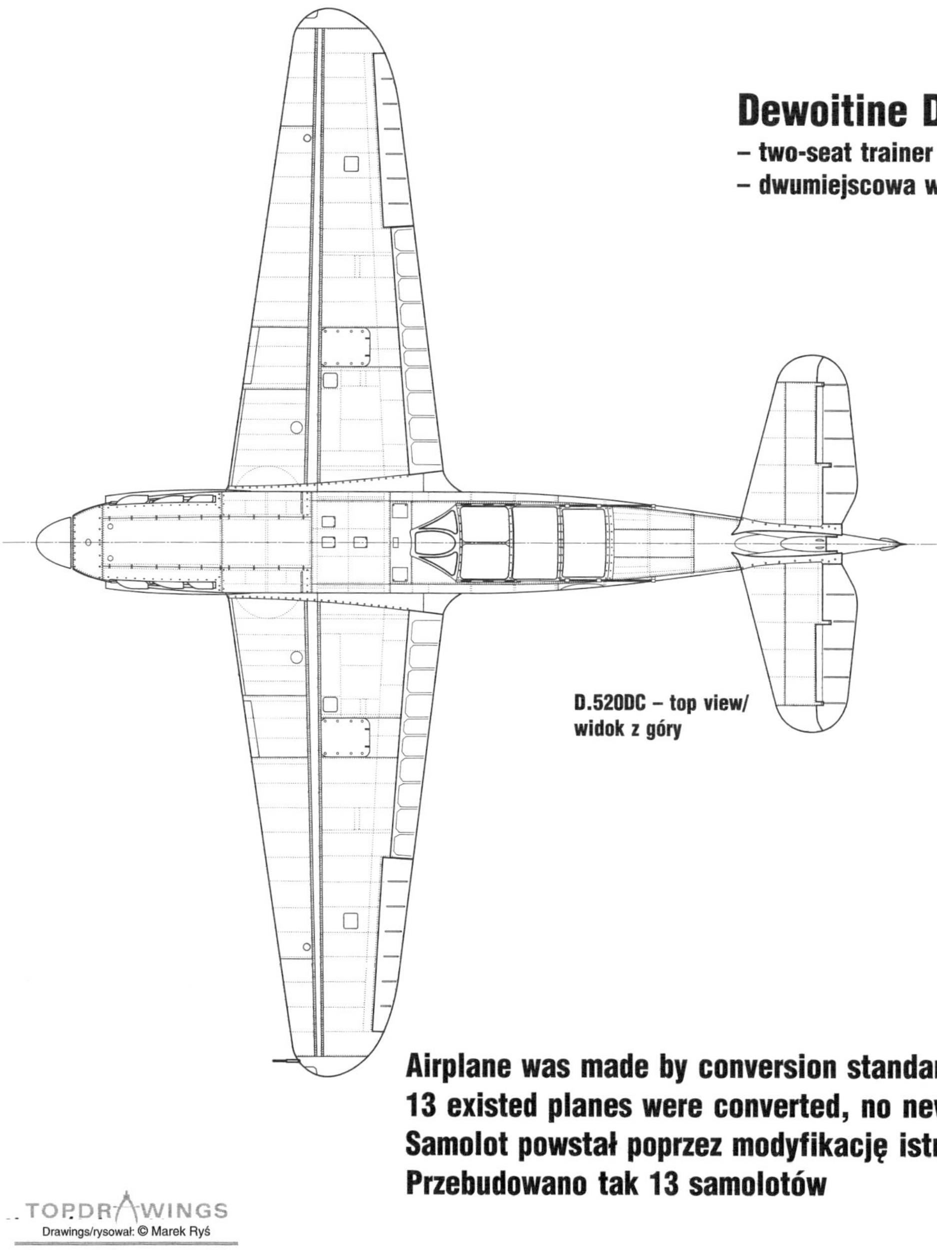

D.520DC – top view/
widok z góry

**Airplane was made by conversion standard D.520C1.
13 existed planes were converted, no new built
Samolot powstał poprzez modyfikację istniejącego, standardowego D.520C1.
Przebudowano tak 13 samolotów**

Scale/Skala: 1/72

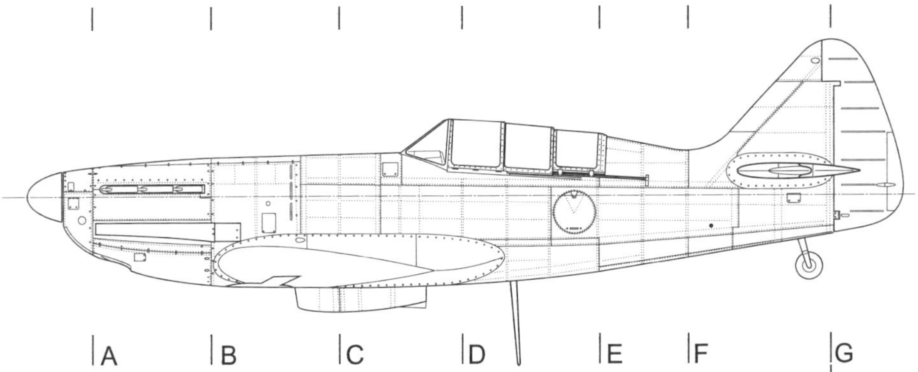

D.520DC – left side view with no wings/
widok z lewej strony bez skrzydeł

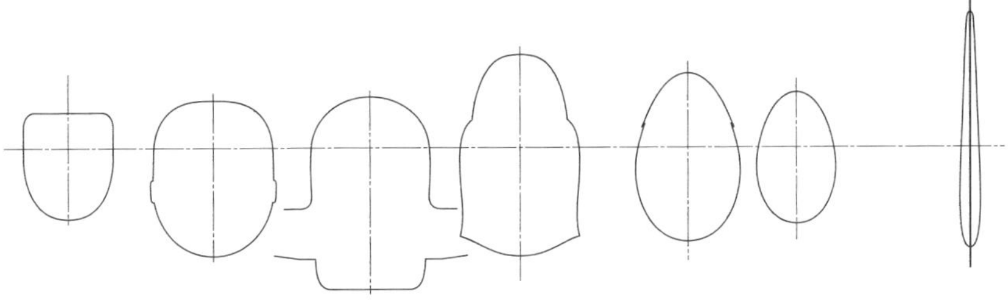

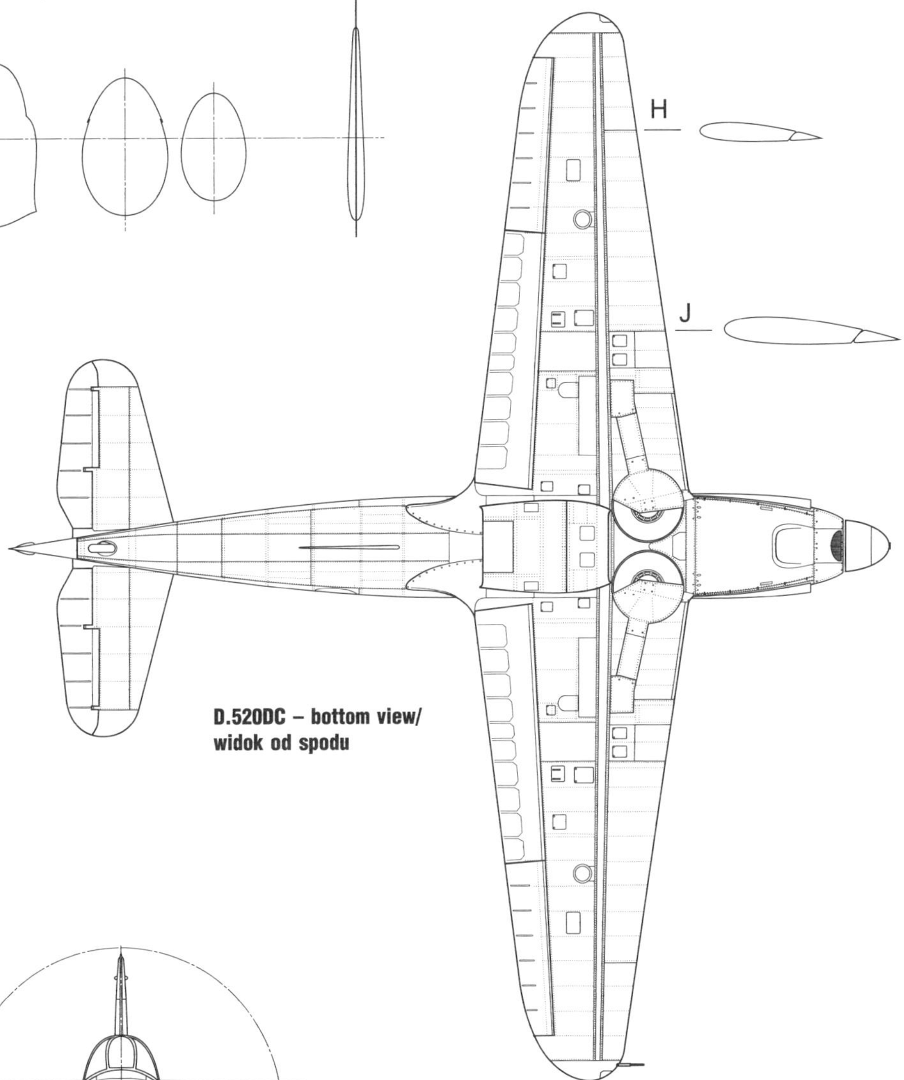

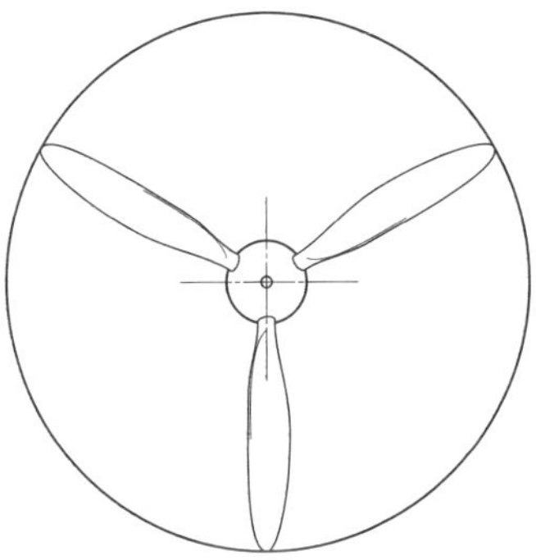

D.520DC – bottom view/
widok od spodu

D.520DC – front view/
widok z przodu

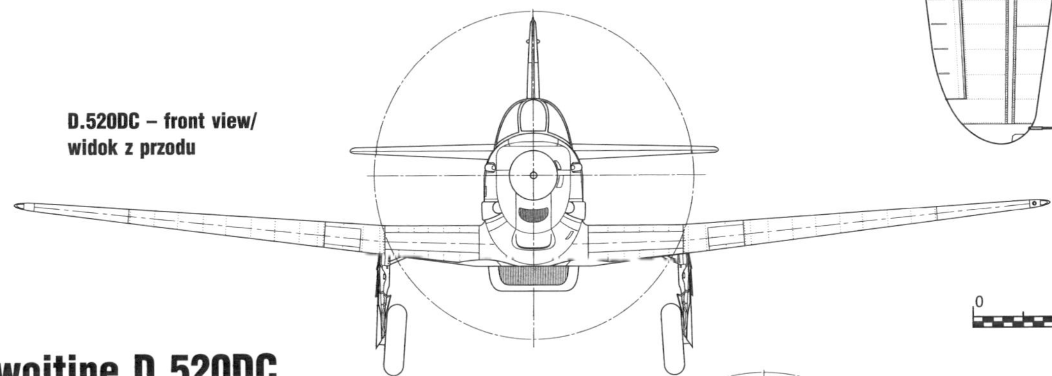

Dewoitine D.520DC

– two-seat trainer version
– dwumiejscowa wersja treningowa

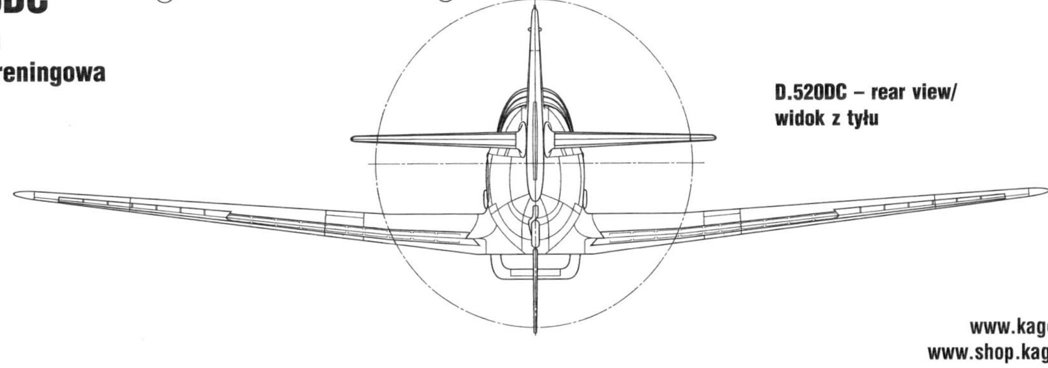

D.520DC – rear view/
widok z tyłu

TOPDRAWINGS
Drawings/rysował: © Marek Ryś

www.kagero.eu
www.shop.kagero.pl

Scale/Skala: 1/72

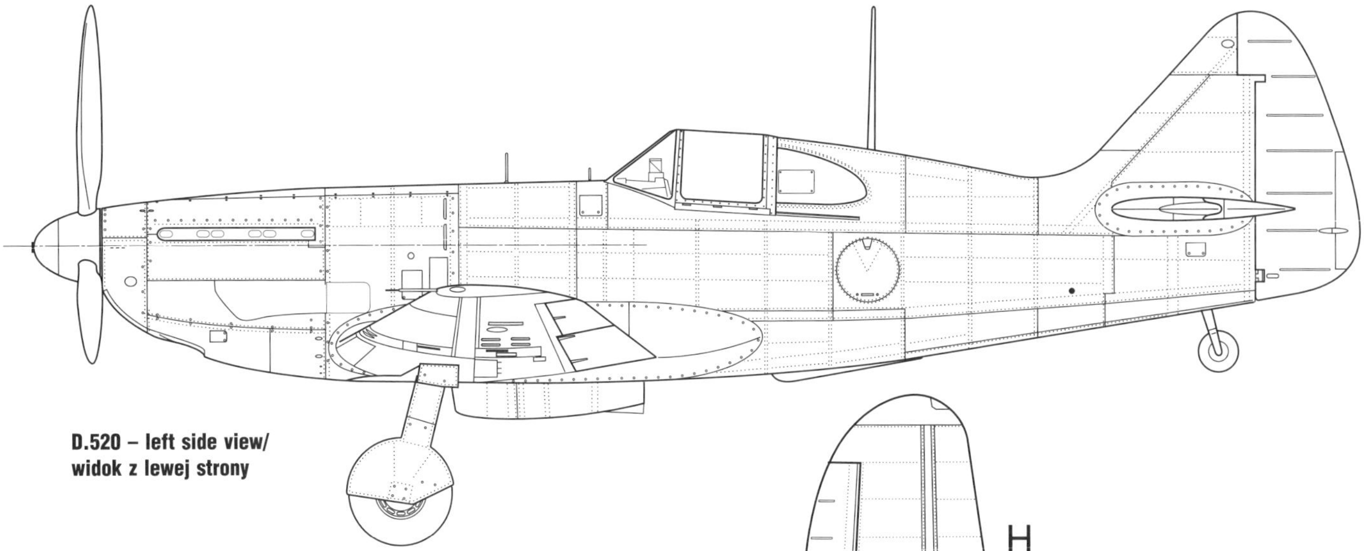

D.520 – left side view/
widok z lewej strony

Dewoitine D.520C1

– very early series aircraft
– samolot wczesnych serii

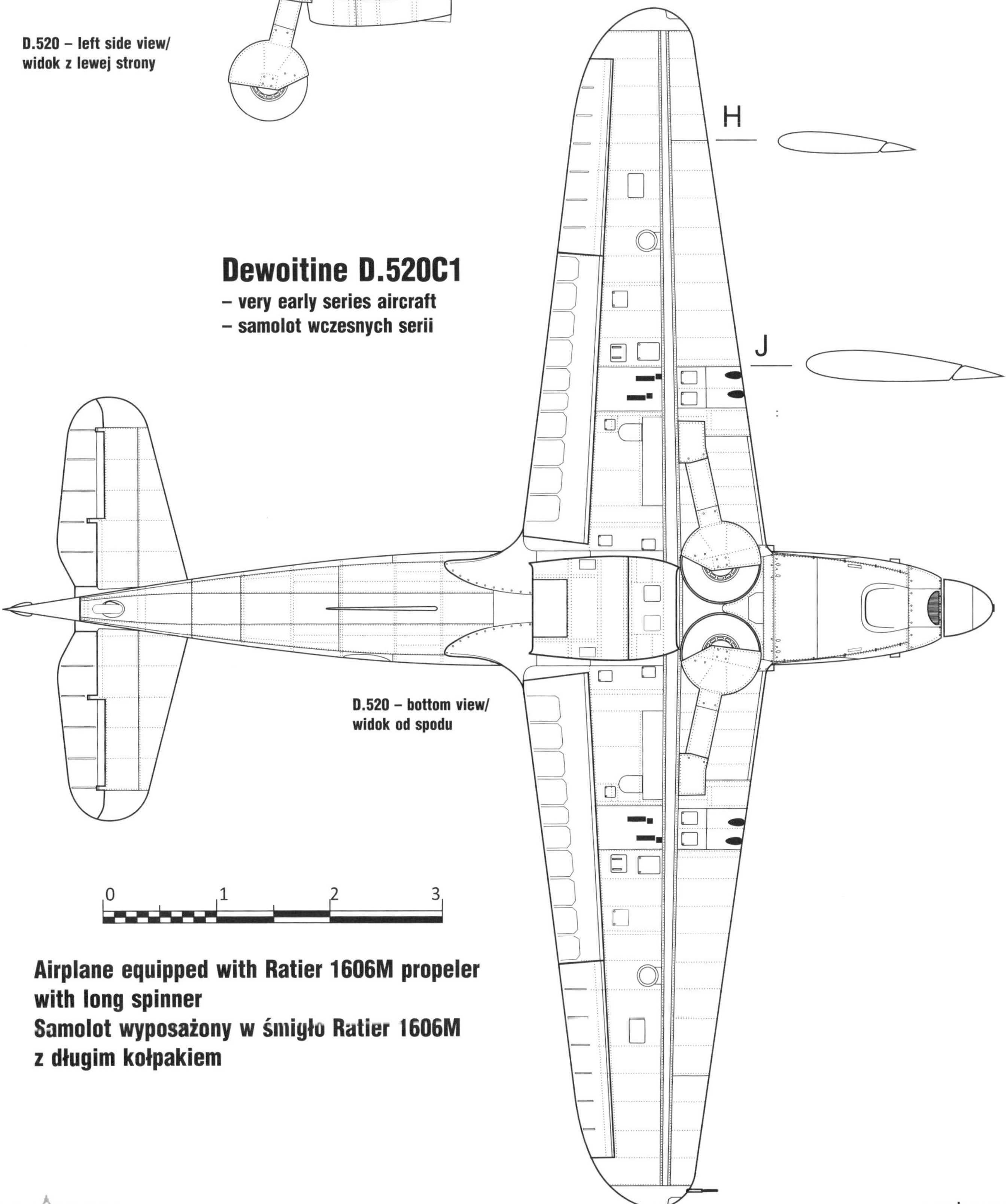

D.520 – bottom view/
widok od spodu

Airplane equipped with Ratier 1606M propeler with long spinner
Samolot wyposażony w śmigło Ratier 1606M z długim kołpakiem

TOPDRAWINGS
Drawings/rysował: © Marek Ryś

www.kagero.eu
www.shop.kagero.pl

Scale/Skala: 1/48

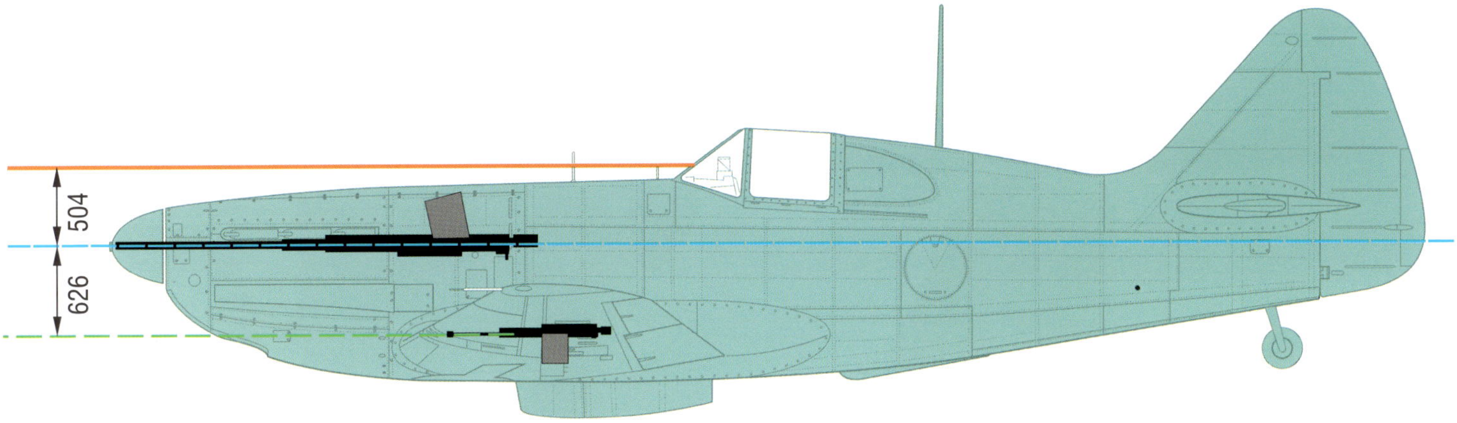

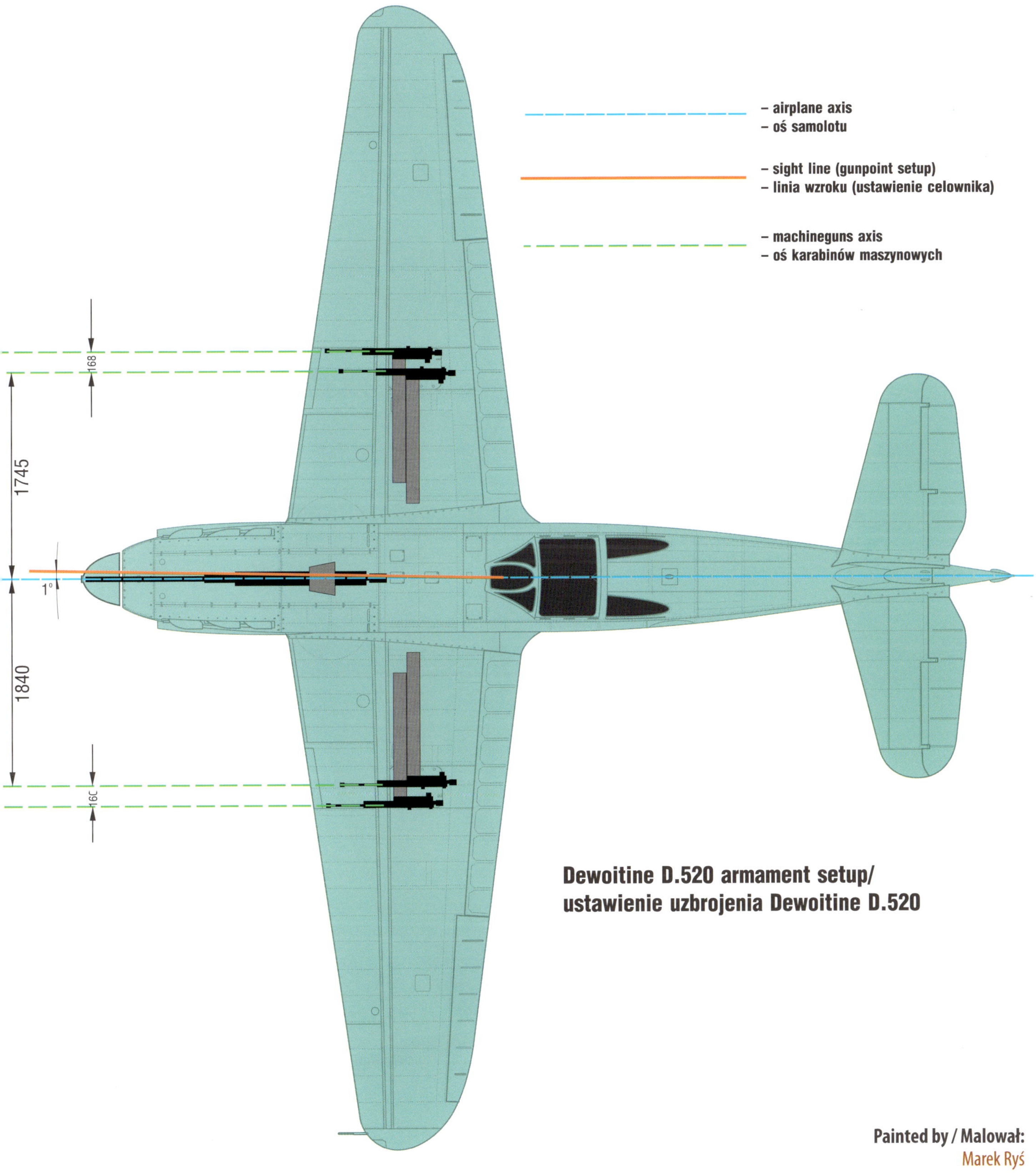

**Dewoitine D.520 armament setup/
ustawienie uzbrojenia Dewoitine D.520**

Painted by / Malował:
Marek Ryś

Painted by / Malował:
Andrzej Sadło

Dewoitine D.520 C1 (No 207), 'White 6', flown by Adj. Chef Marie Emile Leblanc of 5. Escadrille GC III/5, Relizanne, June 1940. This aircraft was camouflaged in Vert fonce/ Brun fonce/ Gris-bleu fonce on the upper surfaces with Gris-bleu clair on the underside. The spinner was black with white tip. The plane carried white digit '6' on both sides of the fuselage and a personal emblem of a red diamond on the fin (some sources suggest yellow colour of the badge). The appearance of the upper surfaces is hypothetical. Leblanc's final score was seven destroyed and one probable. After the end of the French Campaign, he served with Vichy Air Force and his last victim was a Hurricane Mk. IIC, shot down during Operation Torch.

Dewoitine D.520 C1 (nr 207), „biała 6", pilot: Adj. Chef Marie Emile Leblanc z 5. Escadrille GC III/5, Relizanne, czerwiec 1940 roku. Samolot w trójkolorowym kamuflażu Vert fonce/ Brun fonce/ Gris-bleu fonce na górnych powierzchniach oraz Gris-bleu clair na dolnych. Kołpak śmigła czarny z białym noskiem, na kadłubie biała cyfra 6, na usterzeniu godło osobiste w postaci czerwonego stylizowanego „karcianego karo" (niektóre źródła sugerują żółty kolor). Wygląd górnych powierzchni samolotu domniemany. Leblanc miał na swoim koncie siedem pewnych i jedno prawdopodobne zwycięstwo. Ostatnie z nich odniósł jako pilot sił powietrznych Vichy podczas operacji Torch, zestrzeliwując Hurricane'a Mk IIC.

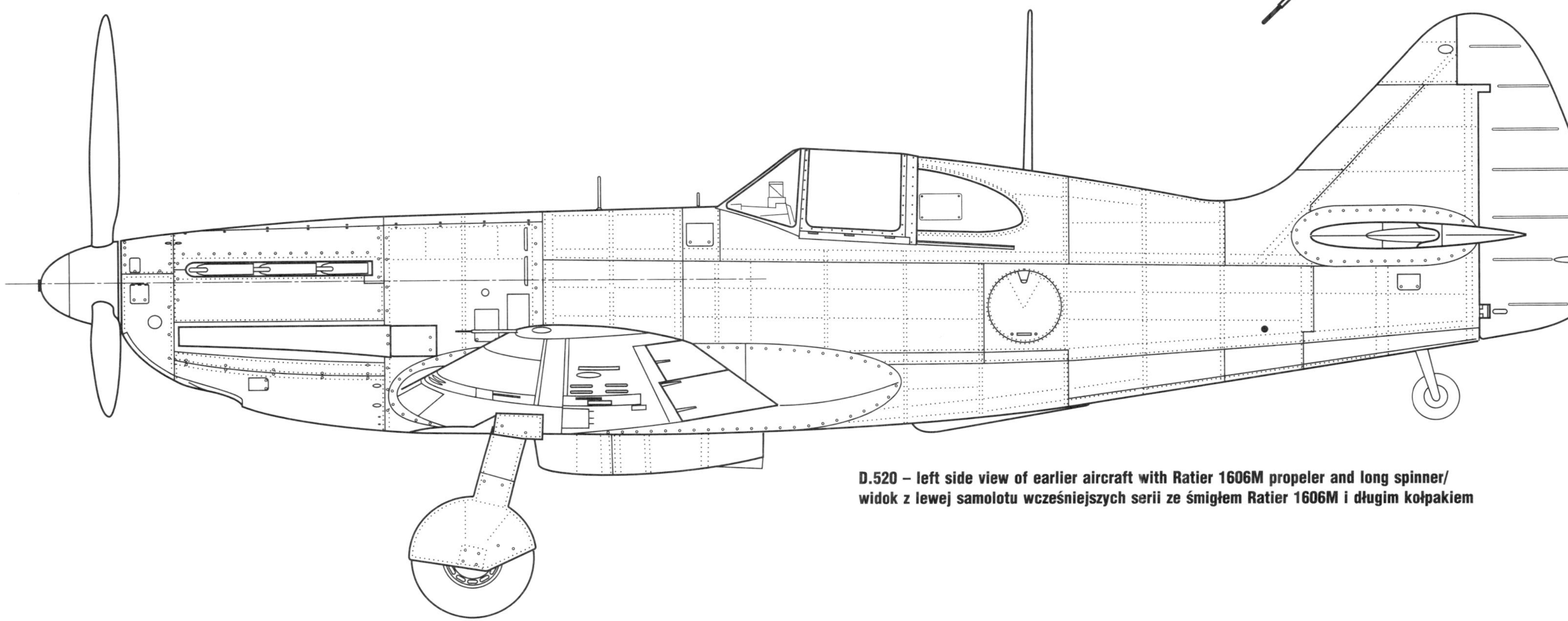

D.520 – left side view of earlier aircraft with Ratier 1606M propeler and long spinner/
widok z lewej samolotu wcześniejszych serii ze śmigłem Ratier 1606M i długim kołpakiem

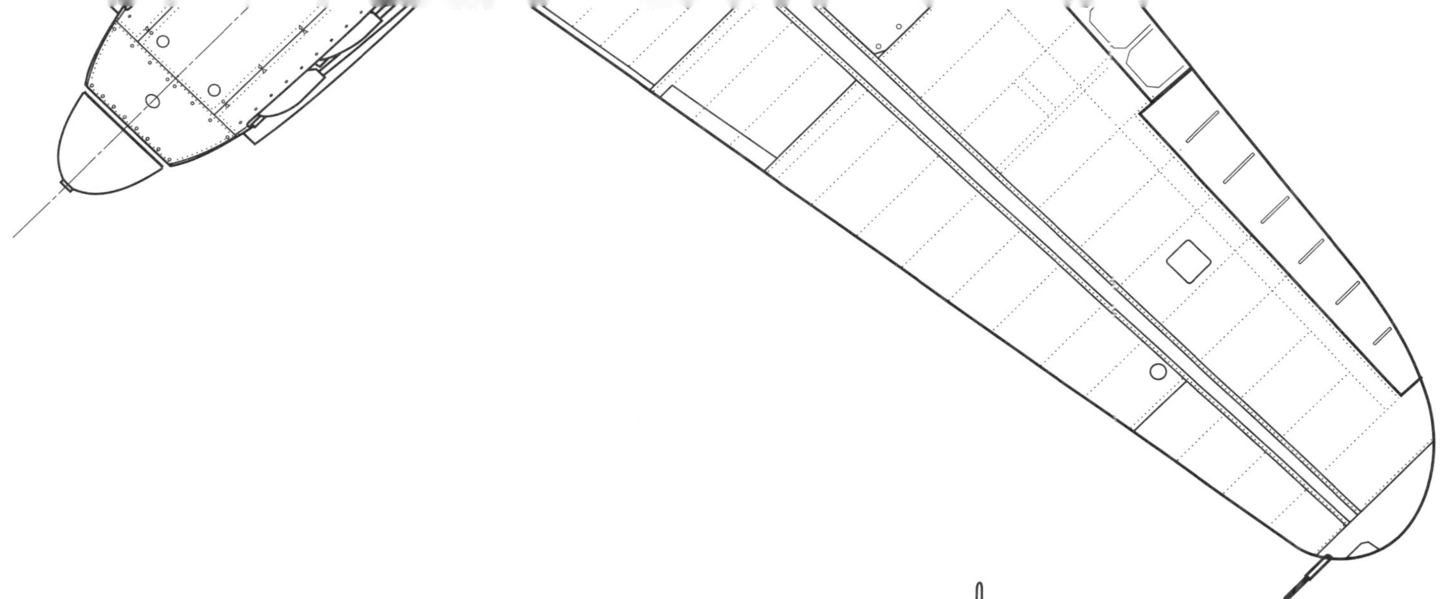

TOPDRAWINGS

Drawings/rysował: © Marek Ryś

Dewoitine D.520

Dewoitine D.520C1

(late series aircraft – from s/n 351/ samolot późniejszych serii – od numeru 351)

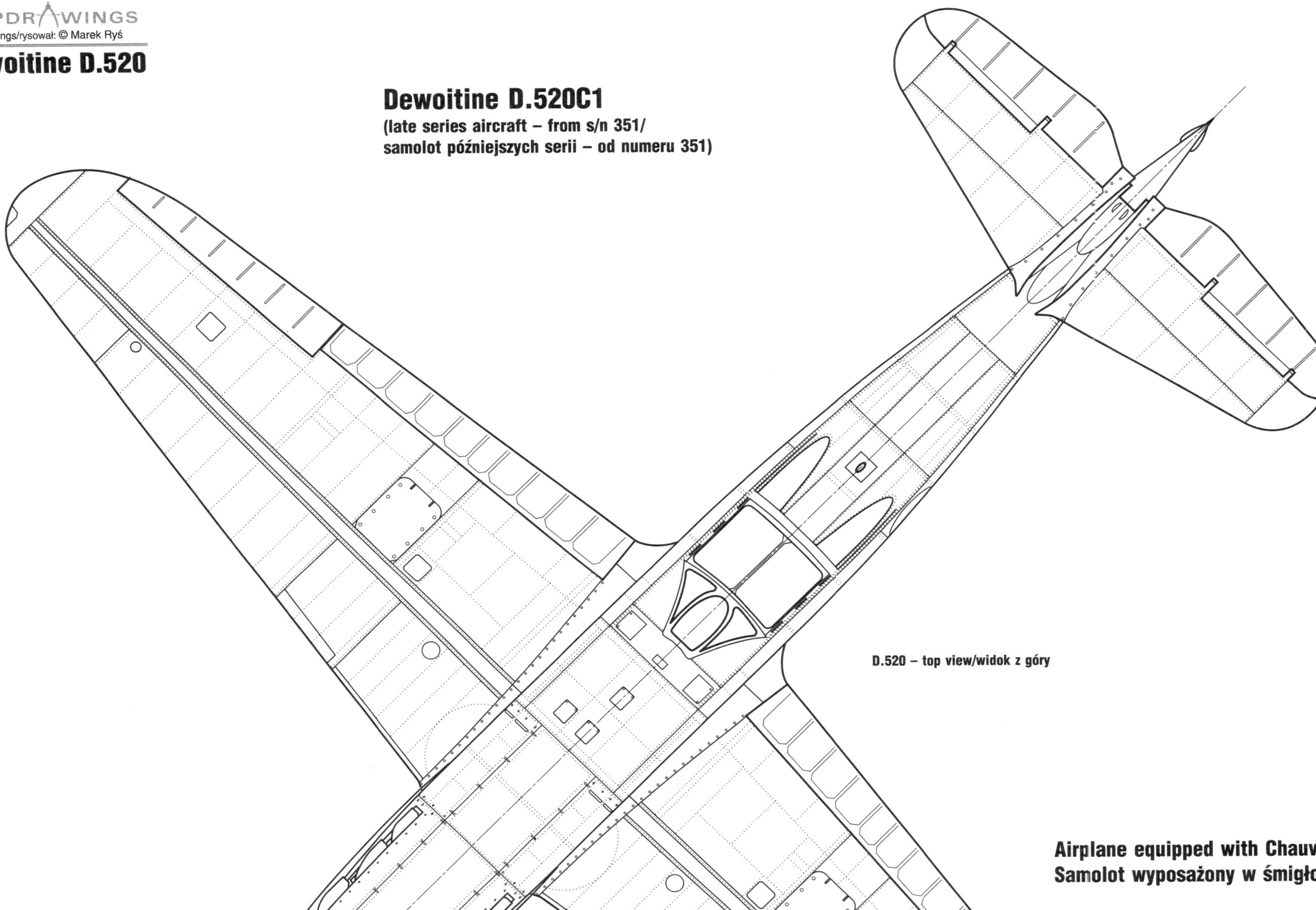

D.520 – top view/widok z góry

Airplane equipped with Chauviére

Samolot wyposażony w śmigło Ch

Painted by / Malował:
Andrzej Sadło

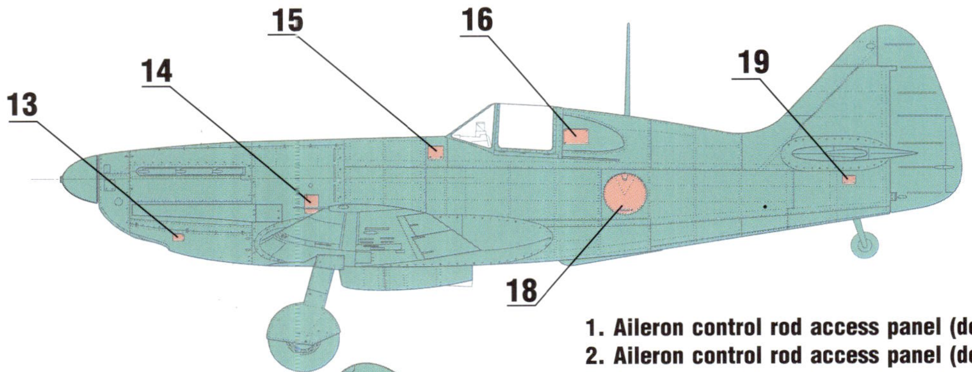

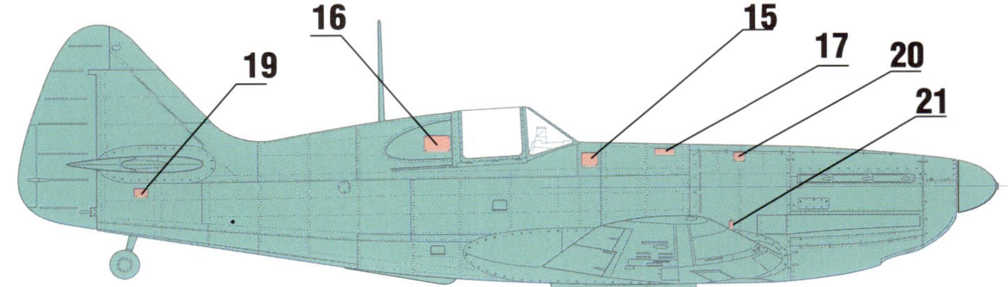

1. Aileron control rod access panel (dostęp do linek lotek)
2. Aileron control rod access panel (dostęp do linek lotek)
3. Access panel (panel inspekcyjny)
4. Aileron control rod access panel (dostęp do linek lotek)
5. Aileron control rod access panel (dostęp do linek lotek)
6. Landing flap control rod access panel (dostęp do linek klap)
7. Machine guns access panel (dostęp do karabinów maszynowych)
8. Ammunition loading (pokrywa komory amunicyjnej)
9. Auxiliary access panel (dodatkowy panel inspekcyjny)
10. Access to aerial connector (dostęp do podłączenia anteny radiowej)
11. Aileron control rod access panel (dostęp do linek lotek)
12. Machine guns heating door (klapka chłodzenia karabinów maszynowych)
13. Access to oil dump cock (dostęp do zaworu oleju)

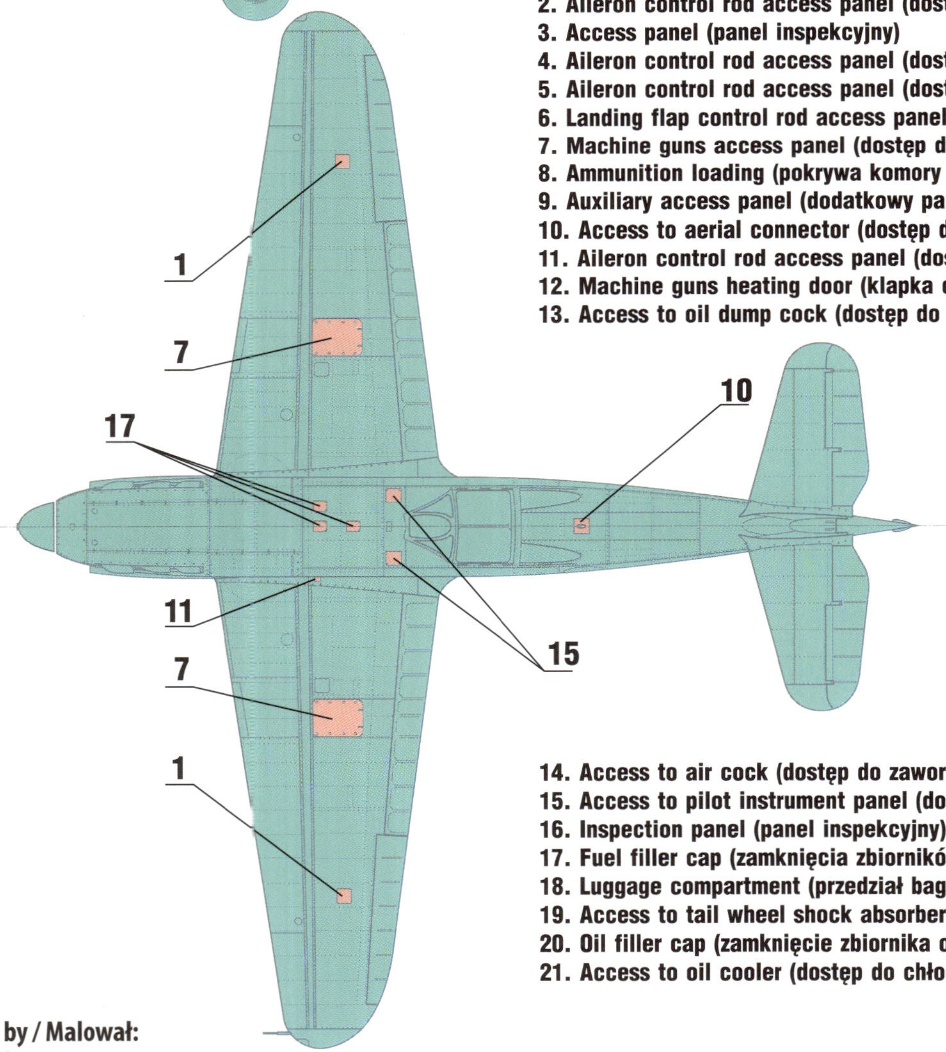

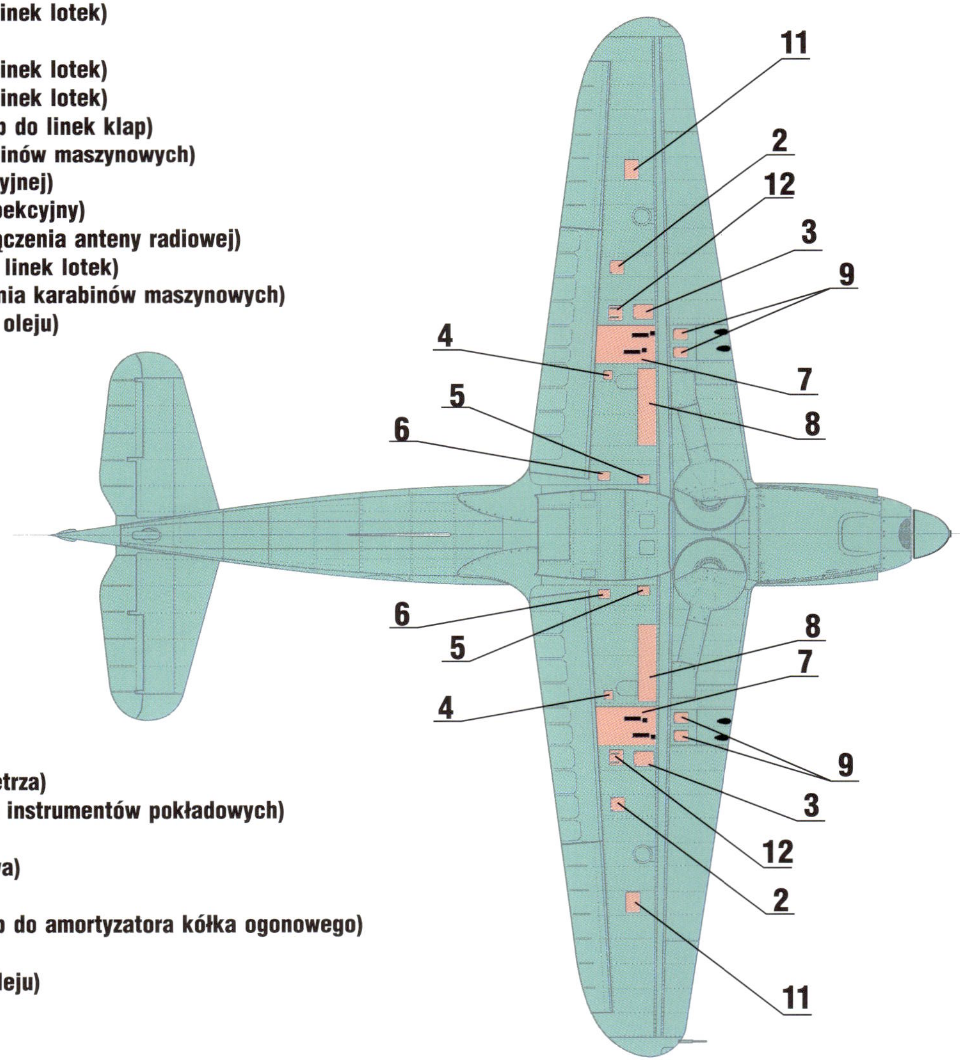

14. Access to air cock (dostęp do zaworu powietrza)
15. Access to pilot instrument panel (dostęp do instrumentów pokładowych)
16. Inspection panel (panel inspekcyjny)
17. Fuel filler cap (zamknięcia zbiorników paliwa)
18. Luggage compartment (przedział bagażowy)
19. Access to tail wheel shock absorber (dostęp do amortyzatora kółka ogonowego)
20. Oil filler cap (zamknięcie zbiornika oleju)
21. Access to oil cooler (dostęp do chłodnicy oleju)

Painted by / Malował:
Marek Ryś

Dewoitine D.520C1

– very early series aircraft
– samolot wczesnych serii

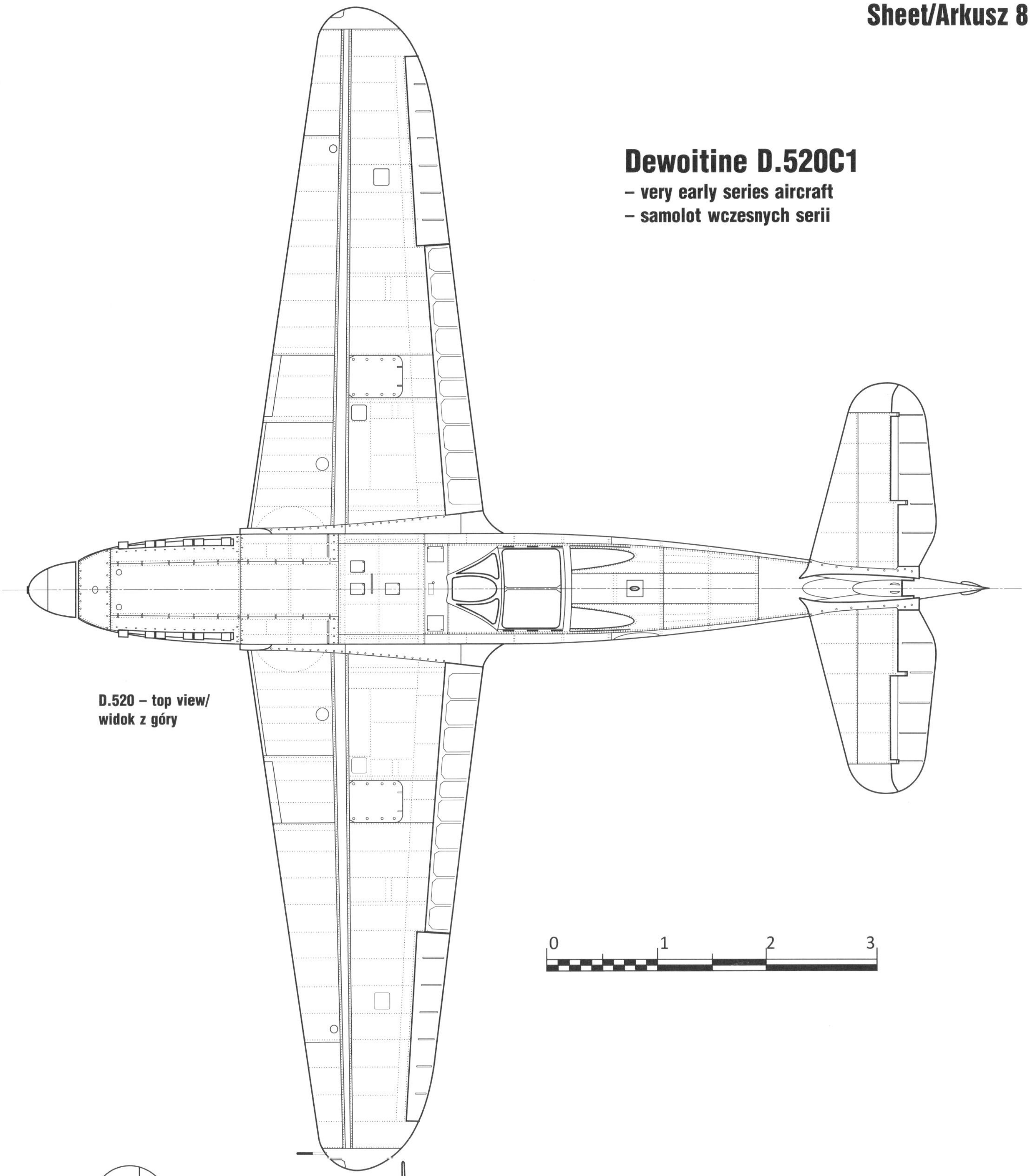

D.520 – top view/
widok z góry

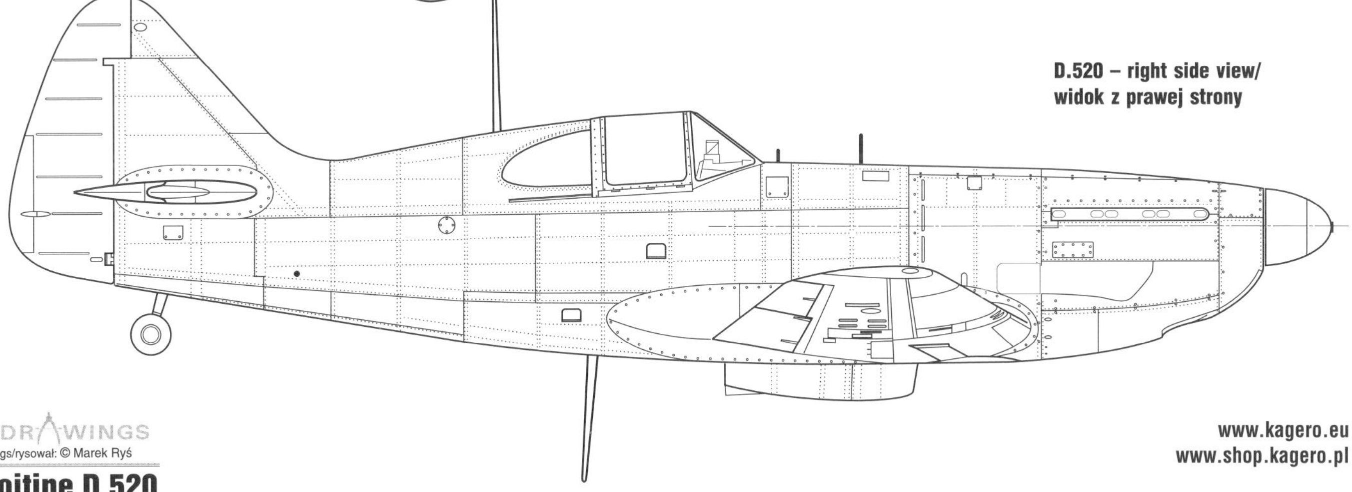

D.520 – right side view/
widok z prawej strony

TOPDRAWINGS
Drawings/rysował: © Marek Ryś

Dewoitine D.520 Dewoitine D.520C1

- very early series aircraft
- samolot wczesnych serii

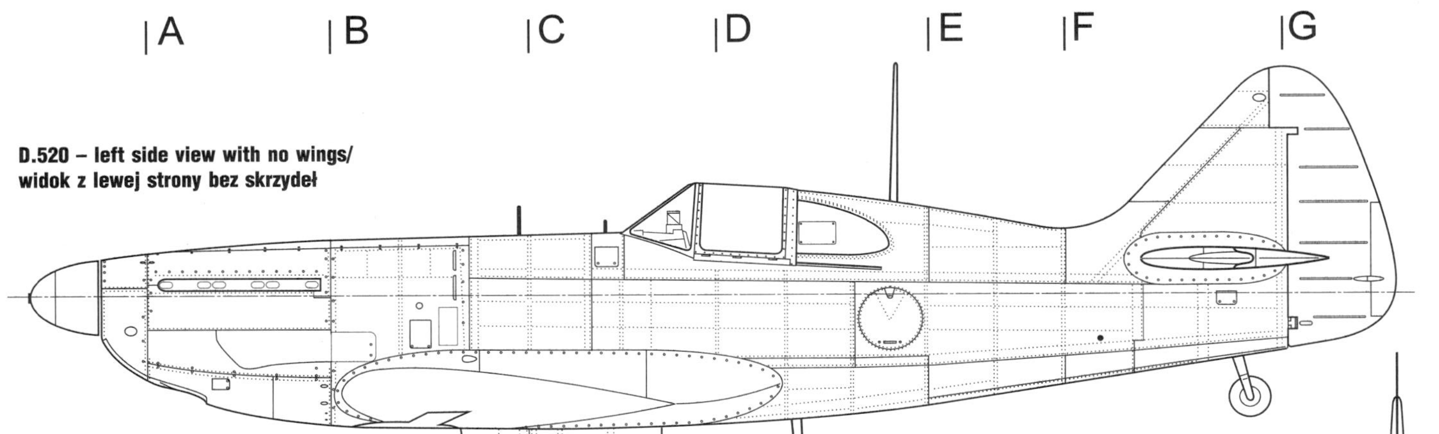

D.520 – left side view with no wings/
widok z lewej strony bez skrzydeł

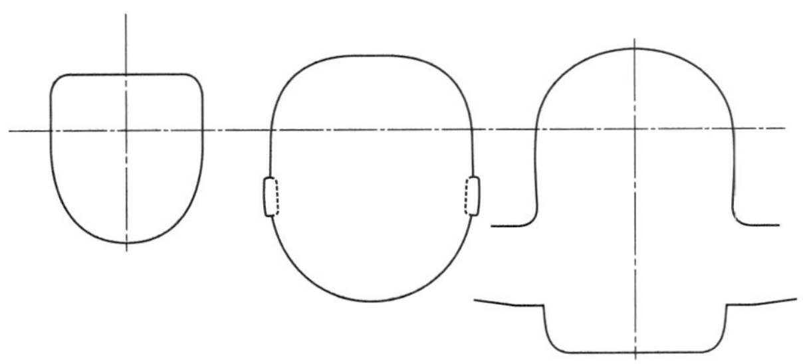

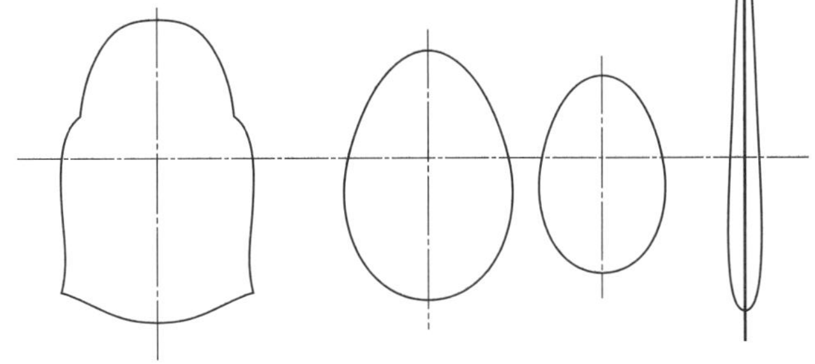

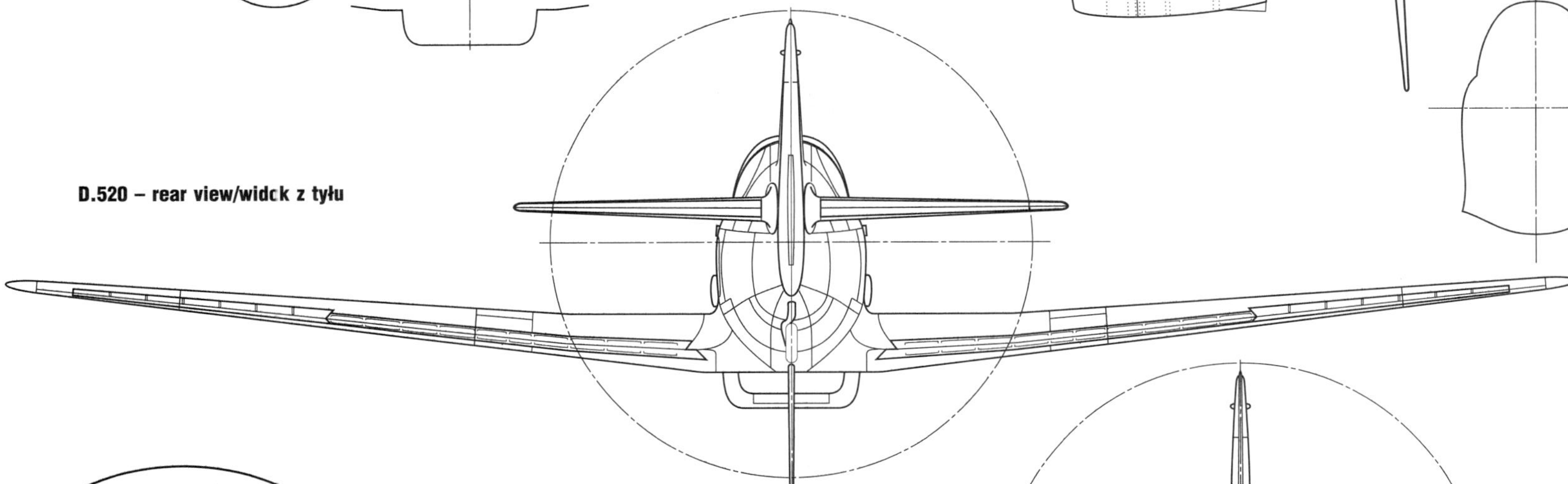

D.520 – rear view/widck z tyłu

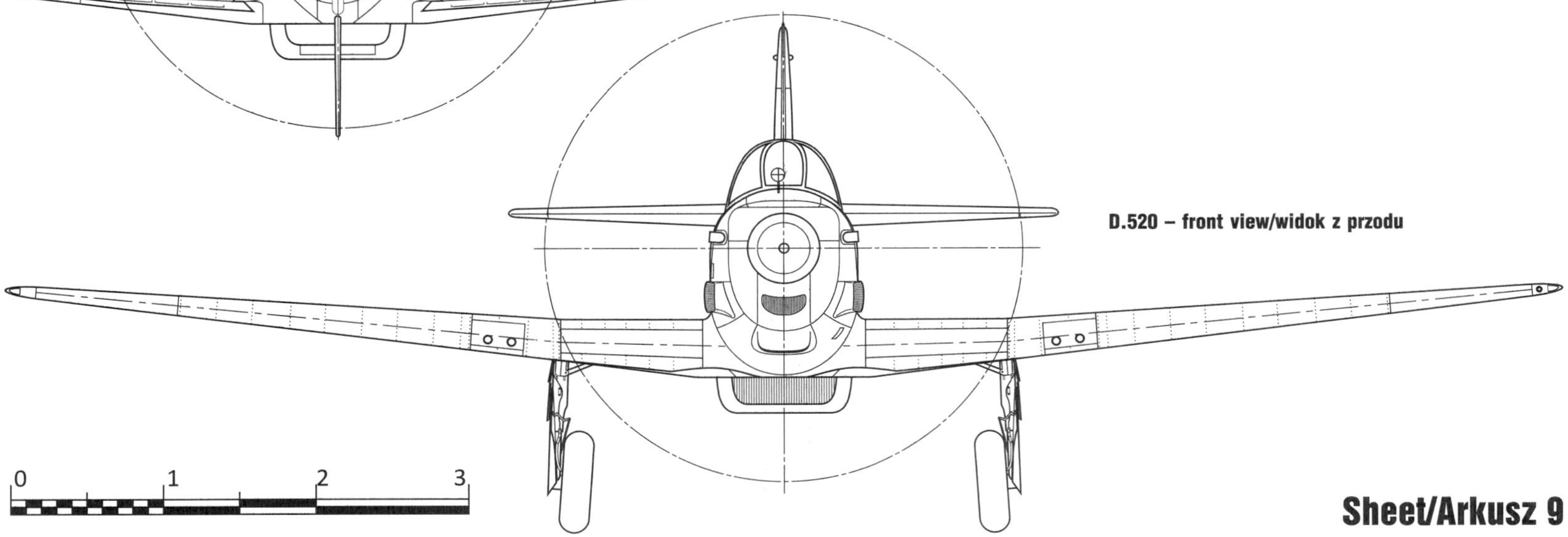

D.520 – front view/widok z przodu

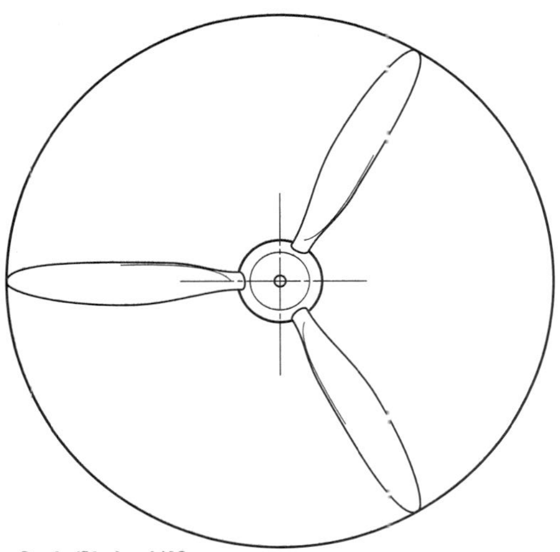

Sheet/Arkusz 9

Scale/Skala: 1/48

www.kagero.eu
www.shop.kagero.pl

Sheet/Arkusz 10

D.520 – left side view. Dashed line shows position of wheel fully extended
– widok z lewej strony. Linia przerywana oznacza pozycję koła bez obciążenia

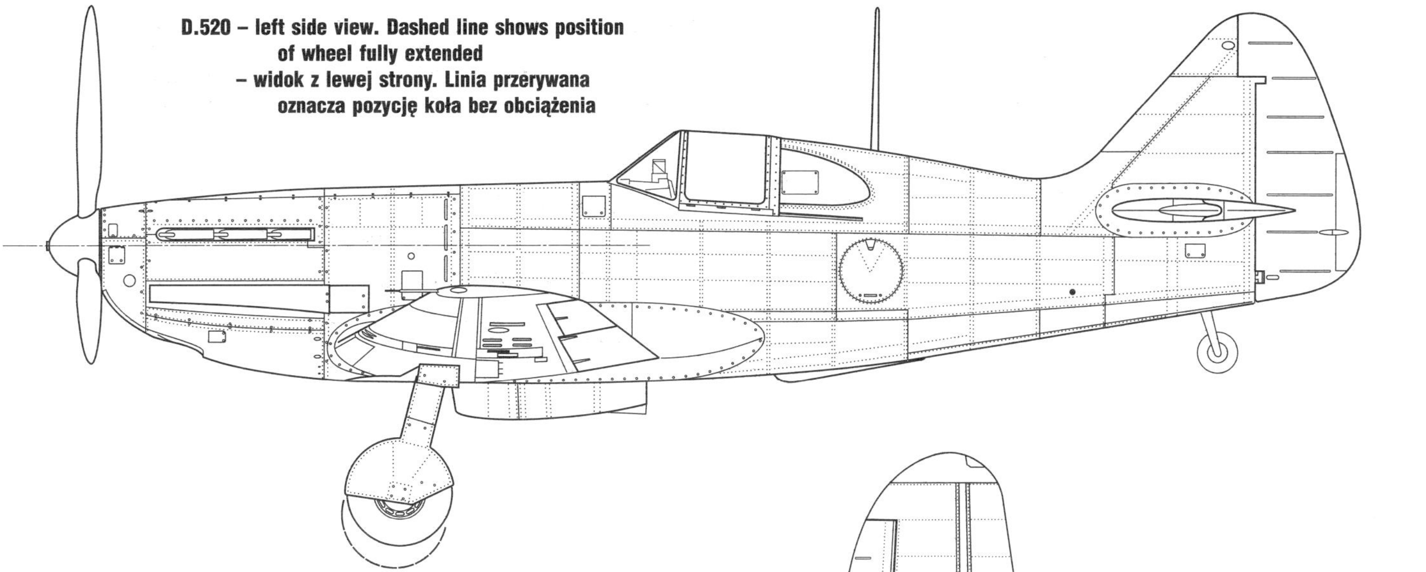

Dewoitine D.520C1

(late series aircraft – from s/n 351/ samolot późniejszych serii – od numeru 351)

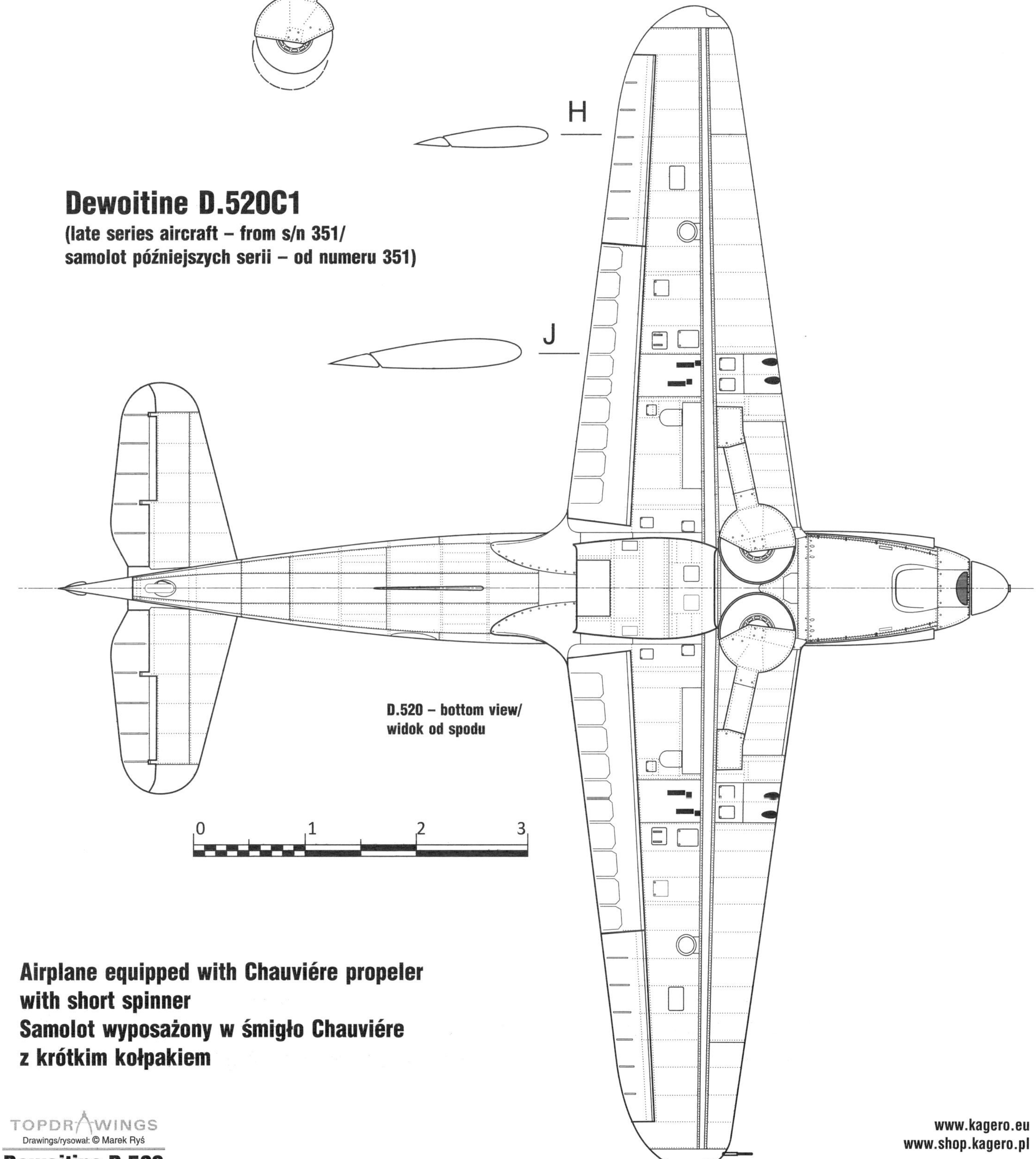

D.520 – bottom view/ widok od spodu

Airplane equipped with Chauviére propeler with short spinner
Samolot wyposażony w śmigło Chauviére z krótkim kołpakiem

Scale/Skala: 1/48

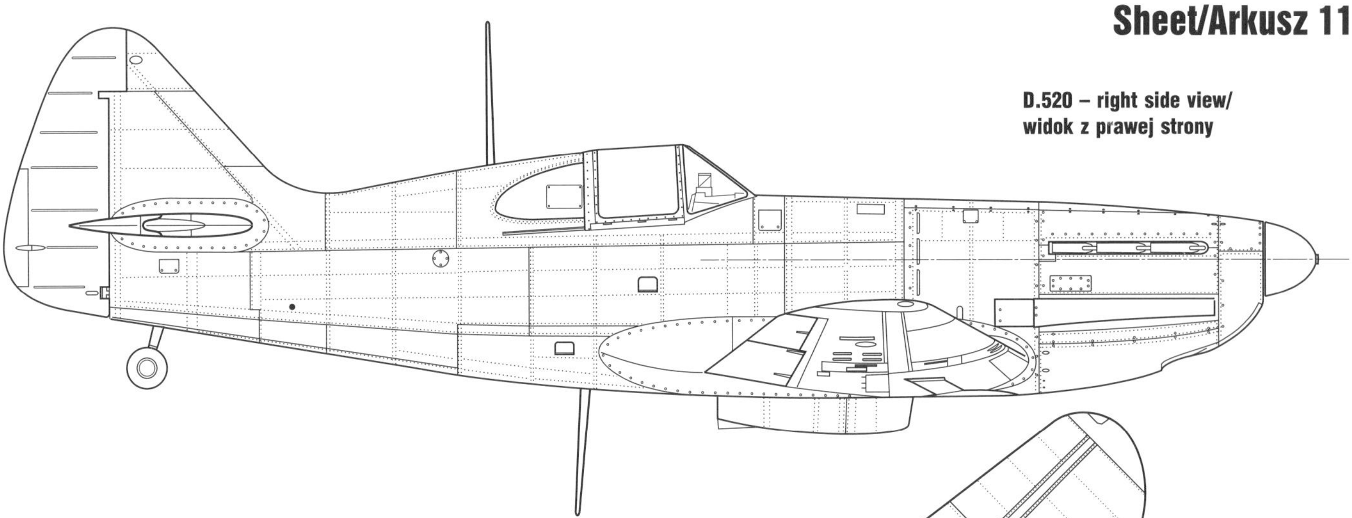

D.520 – right side view/
widok z prawej strony

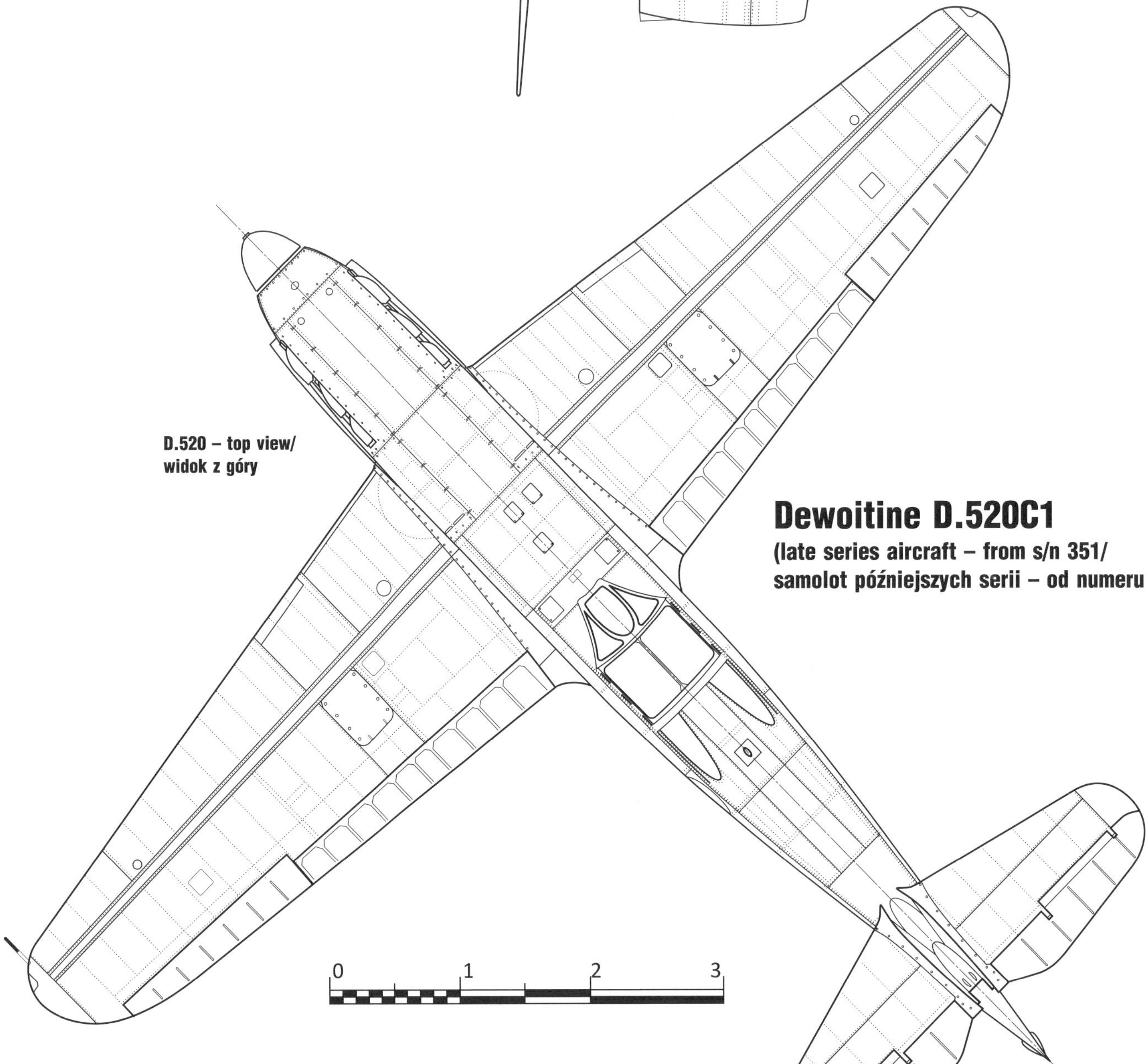

D.520 – top view/
widok z góry

Dewoitine D.520C1

(late series aircraft – from s/n 351/ samolot późniejszych serii – od numeru 351)

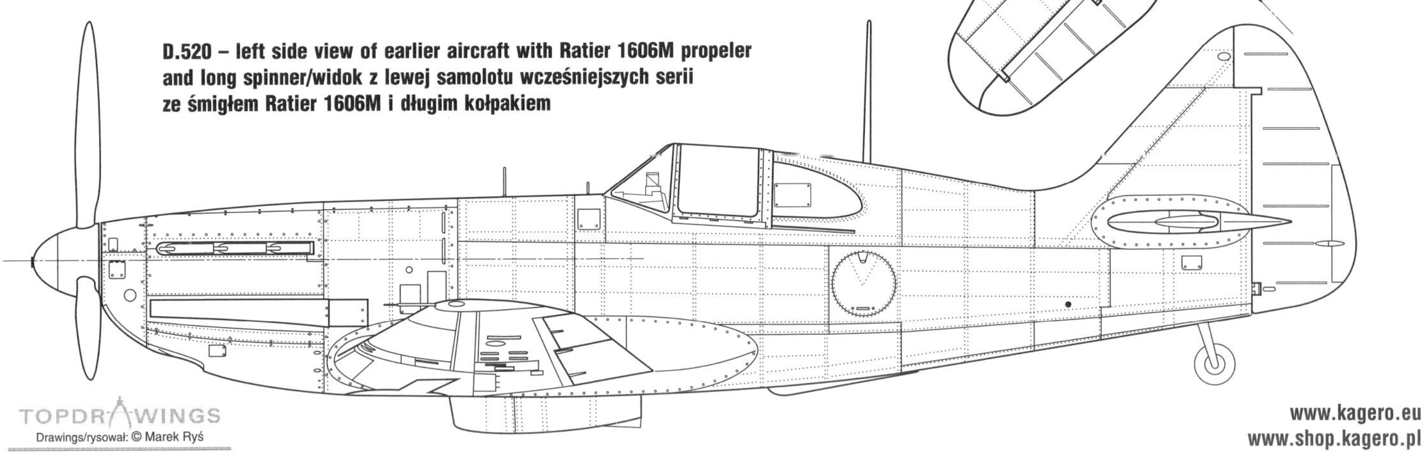

D.520 – left side view of earlier aircraft with Ratier 1606M propeler and long spinner/widok z lewej samolotu wcześniejszych serii ze śmigłem Ratier 1606M i długim kołpakiem

Scale/Skala: 1/48

TOPDRAWINGS
Drawings/rysował: © Marek Ryś

Dewoitine D.520

D.520 – left side view with no wings/widok z lewej strony bez skrzydeł

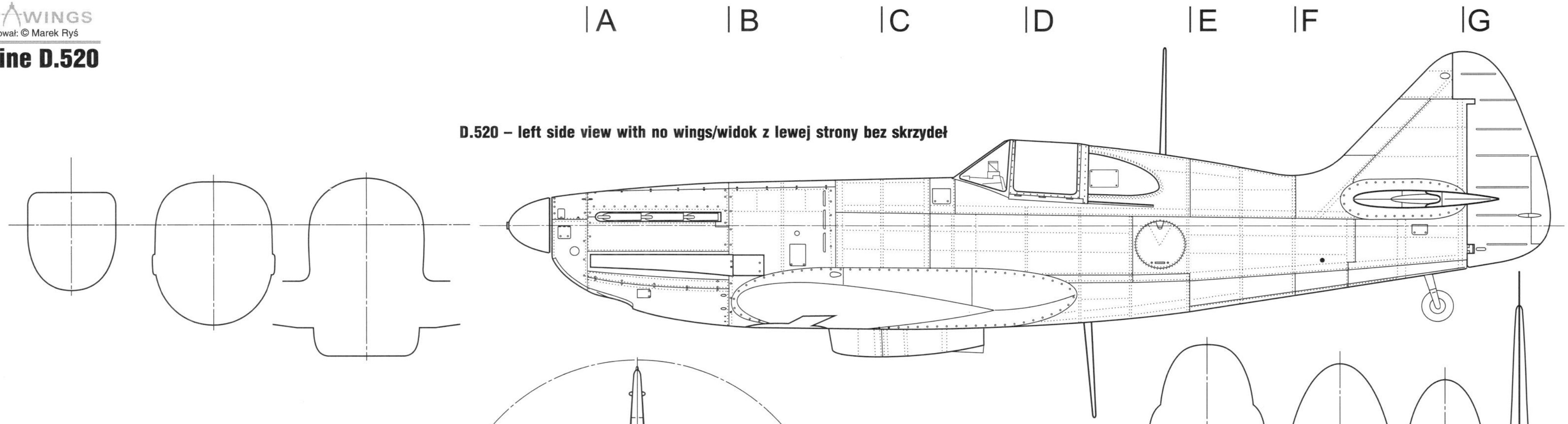

D.520 – rear view/widok z tyłu

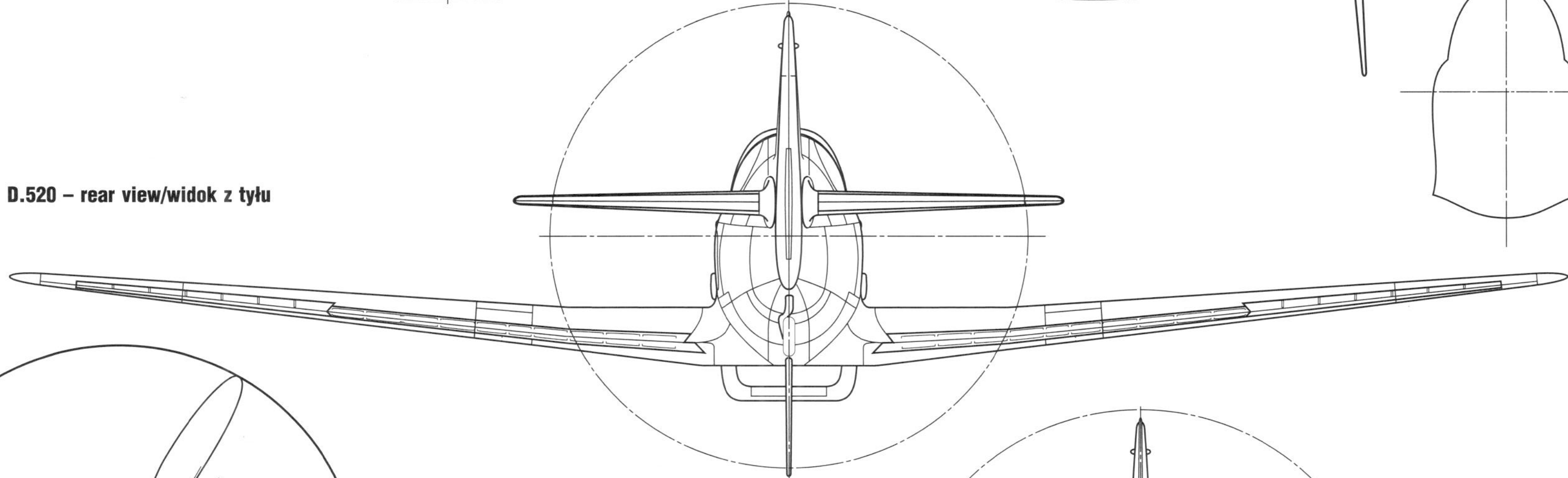

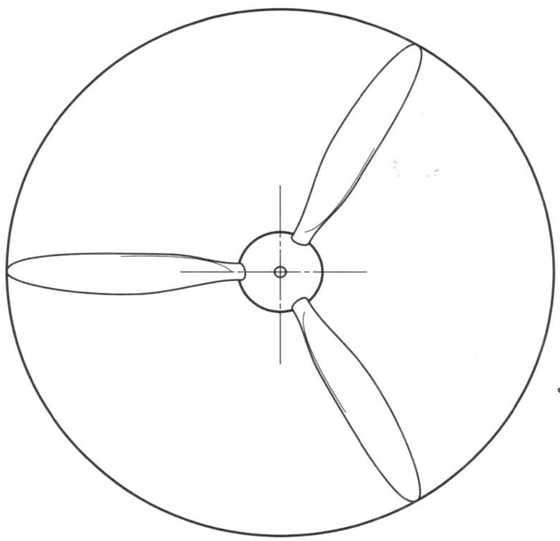

D.520 – front view/widok z przodu

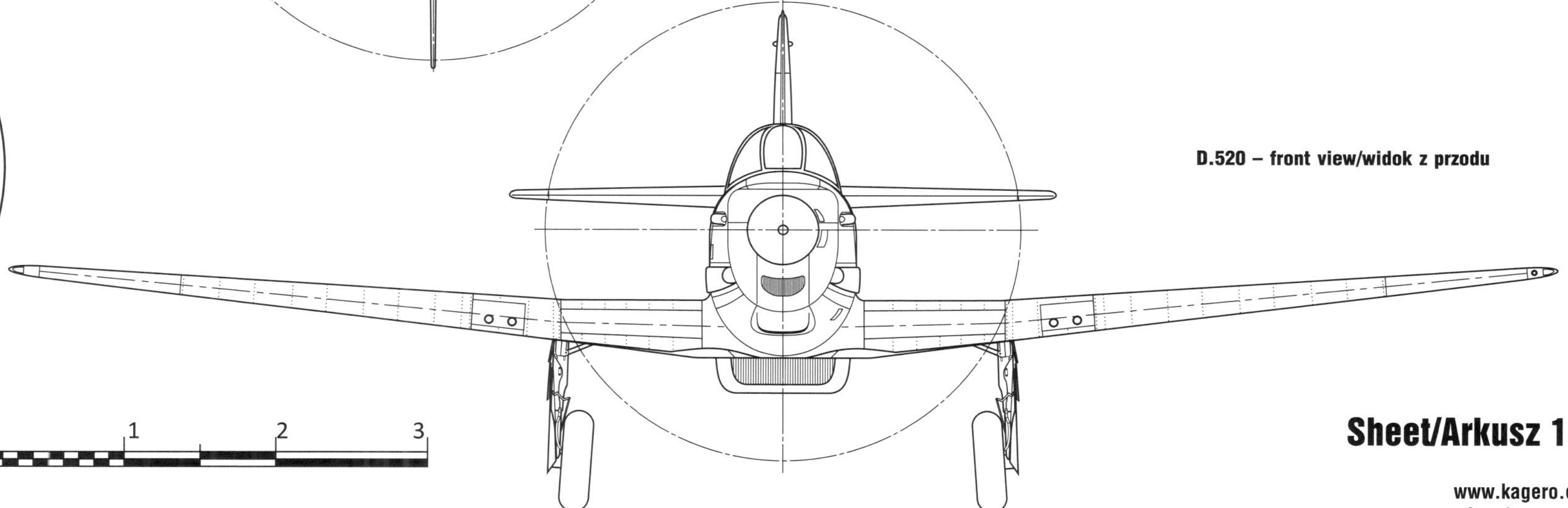

0 1 2 3

Scale/Skala: 1/48

Sheet/Arkusz 12

www.kagero.eu
www.shop.kagero.pl

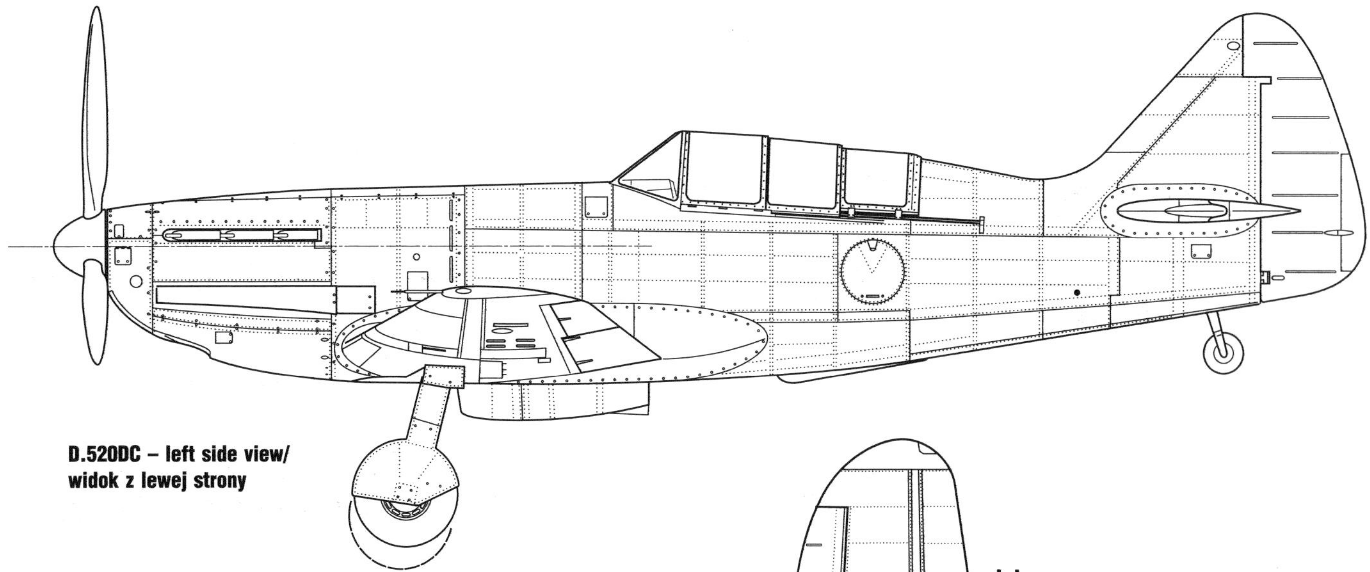

D.520DC – left side view/
widok z lewej strony

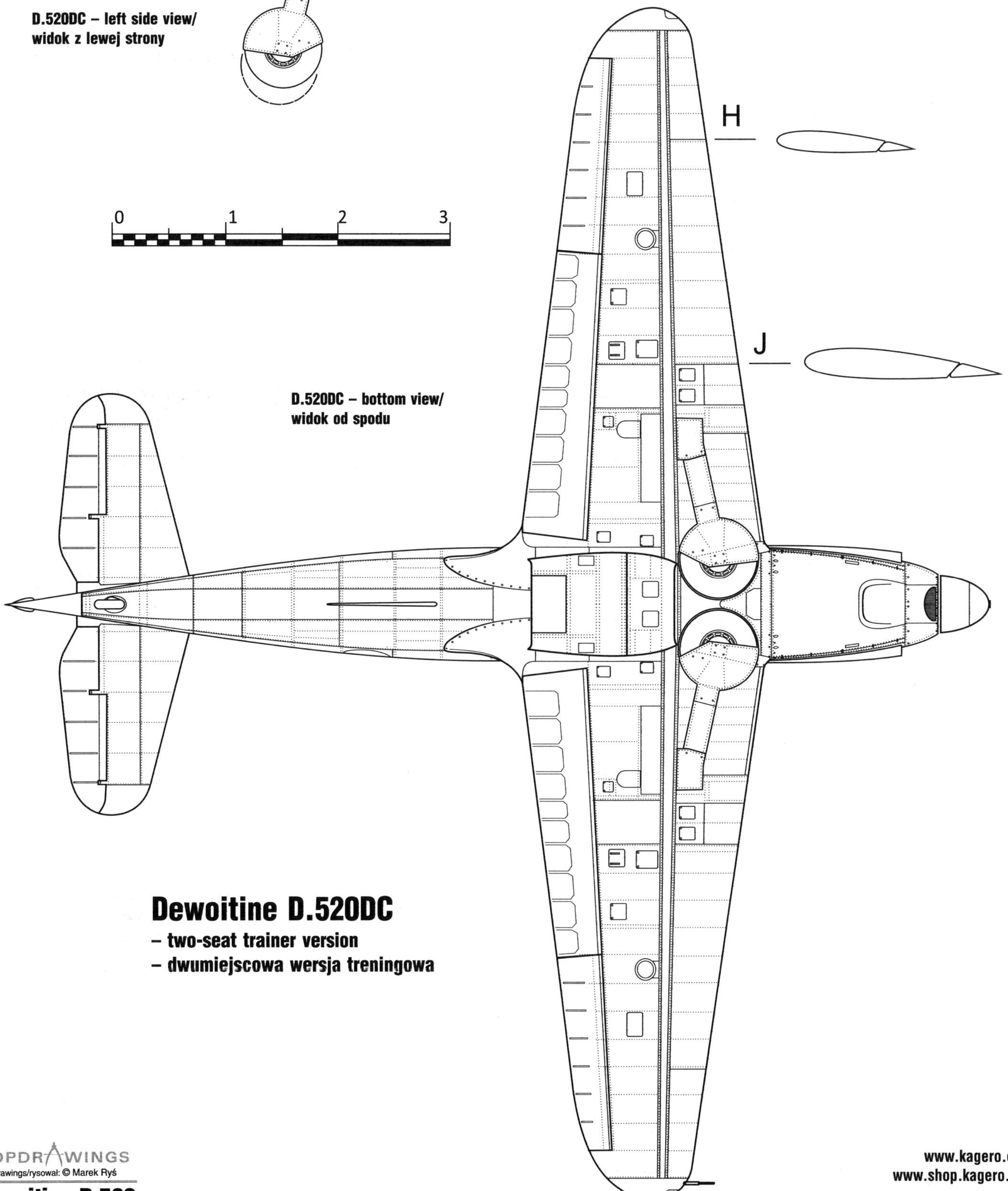

D.520DC – bottom view/
widok od spodu

Dewoitine D.520DC

– two-seat trainer version
– dwumiejscowa wersja treningowa

TOPDRAWINGS
Drawings/rysował: © Marek Ryś

Scale/Skala: 1/48

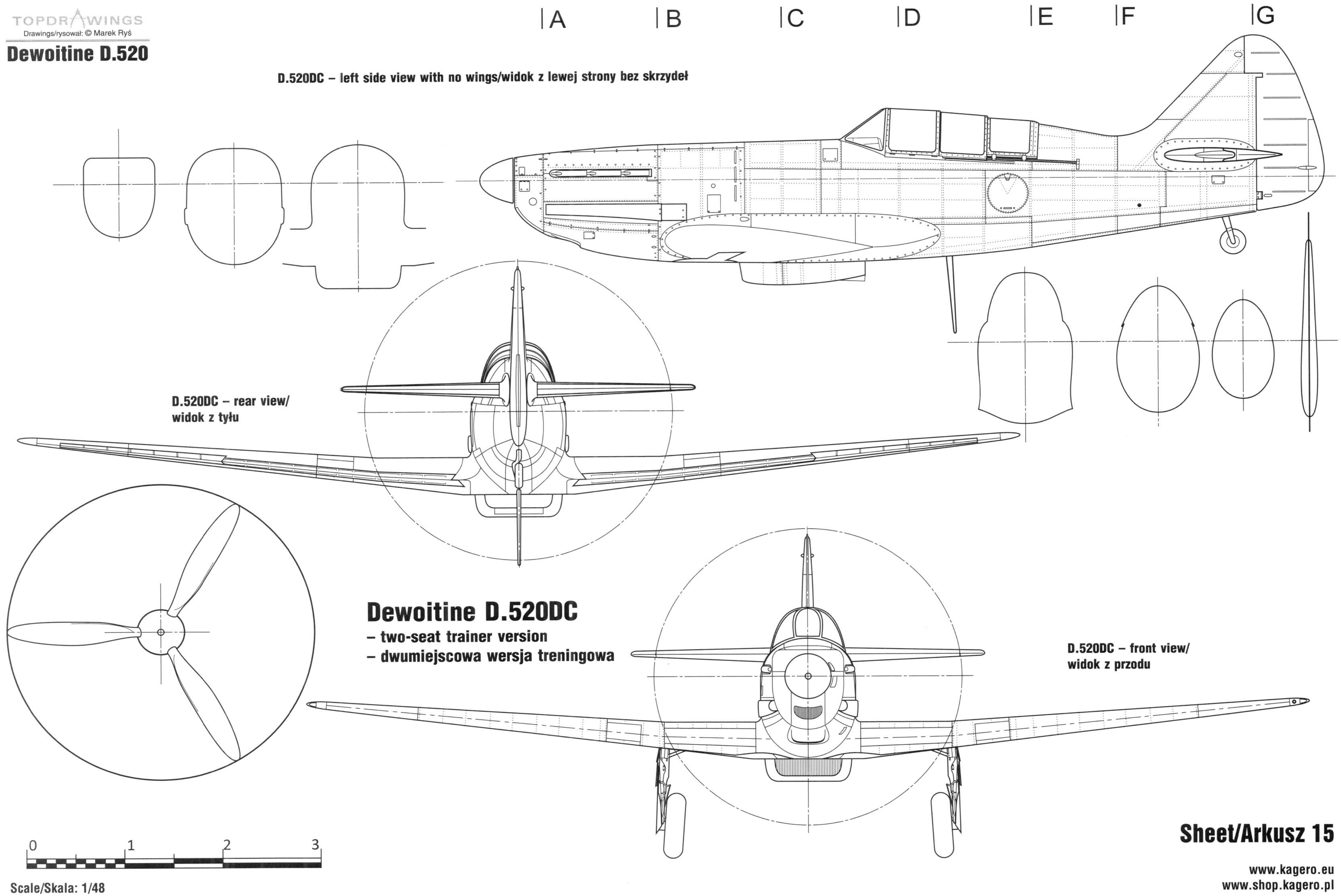

Dewoitine D.520DC

- two-seat trainer version
- dwumiejscowa wersja treningowa

Dewoitine D.520DC

– two-seat trainer version

– dwumiejscowa wersja treningowa

D.520DC – top view/widok z góry

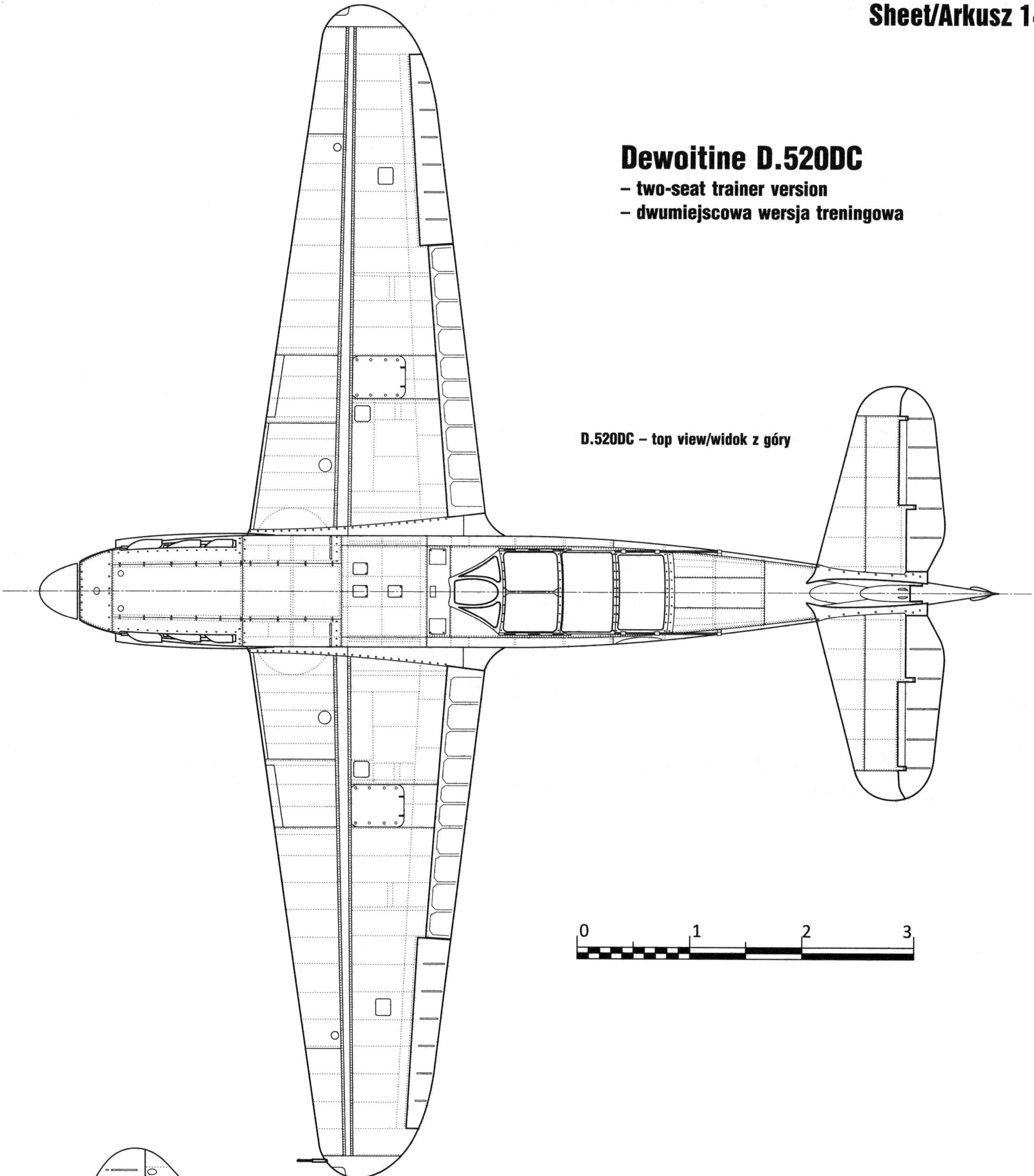

0 1 2 3

D.520DC – right side view/widok z prawej strony

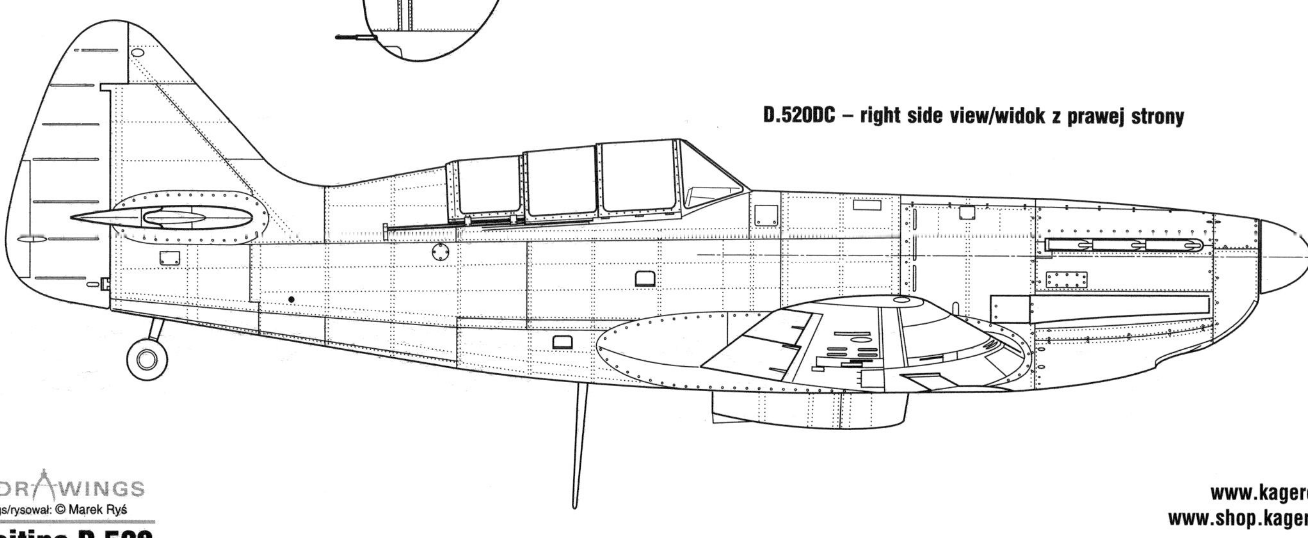

Scale/Skala: 1/48